놀이로 풀어보는

유치원
학급운영

놀이로 풀어보는 유치원 학급운영

초판 1쇄 발행 2019년 1월 18일
초판 6쇄 발행 2024년 3월 11일

지은이 | 정유진, 정나라

발행인 | 최윤서
편집장 | 최형임
디자인 | 김수경
마케팅 | 최수정
펴낸 곳 | 교육과실천
도서문의 | 02-2264-7775
인쇄 | 031-945-6554 두성 P&L
일원화 구입처 | 031-407-6368 ㈜태양서적
등록 | 2018년 4월 2일 제2018-000040호
주소 | 서울특별시 중구 창경궁로 18-1 동림비즈센터 505호
ISBN 979-11-963601-7-7 (13370)

놀이로 풀어보는

유치원
학급운영

정유진 · 정나라 지음

교육과실천

추천사

아이들은 놀이할 때 가장 행복합니다

연둣빛 새싹이 돋아나는 3월은 '처음'의 대명사입니다. 겨우내 간직해온 '희망'의 언어들을 한꺼번에 토해내는 시기이지요. 사람들은 그 첫 마음으로 일 년을 살아가며, 모든 유치원의 새 학기도 이때 시작합니다.

설렘과 기대, 걱정이 교차하는 3월의 유치원 교육과정이 중요한 이유도 바로 여기에 있습니다. 부모의 품을 처음 벗어난 아이들이 불안감을 떨치고 즐겁게 유치원 생활을 하도록 도와주어야 하는데, 이때 필요한 것이 '놀이' 중심 교육과정입니다.

아이들은 놀이할 때가 가장 즐겁고 행복합니다. 놀이를 통해 세상을 배우고 차츰 성장해갑니다. 아이들에게 놀이란 생활이며, '삶' 그 자체입니다. 유치원 교육과정에 놀이를 접목하면 아이들에게 배움이 스스로 일어나게 할 수 있을 것입니다.

그런 점에서 놀이 중심 유치원 학급운영의 효과적인 방법에 관해 기술한 책 『놀이로 풀어보는 유치원 학급운영』을 선생님과 학부모님들께 권해드립니다. 이 책은 유아 지도 방법을 딱딱한 이론이 아닌, 재미있는 놀이로 풀어내 현장의 선생님과 학부모님들에게 매우 유용한 지침서가 될 것입니다. '모두가 소중한 혁신전남교육'도 아이들이 미래사회의 주인공으로 당당하게 자라도록 유치원 교육과정 운영에 대한 관심과 지원을 아끼지 않겠습니다.

어려운 여건 속에서도 훌륭한 책을 써주신 정나라 · 정유진 선생님의 열정에 찬사를 보냅니다.

장석웅, 전라남도교육감

3월 5일 아이들과 마주한 첫날 터트렸던 울음을 기억합니다. 아무 경력도 경험도 없던 저에게 아이들은 예쁘기보다는 심지어 두렵기까지 했습니다. 2018년 3월은 매일매일이 출근하기 싫었던 하루였습니다. 매일 아침 우는 아이들을 보며 속으로 울었던 날도, 아이들과 같이 울던 날도 있었습니다. 그렇게 벌써 일 년이 지나고 있습니다. 학기를 마무리하니 내년 새 학기가 두려워지네요. 매일 밤 수업자료를 뒤져도 다음날 유치원에 가면 원하는 대로 되지 않는 교실. 그러나 이 책을 보면서 희망을 읽었습니다. 저와 같은 신규 교사들에게 이 책을 꼭 추천합니다. 미안함만 커져가는 2학기에 이 책을 만나 내년 아이들에 대한 설렘을 가지게 되었습니다.

송아라, 상주초등학교병설유치원 신규 교사

· · ·

매년 3월, 교사라면 누구나 학기 초 유아의 기본생활습관 형성에 어려움을 느낄 것입니다. 저 역시도 이러한 고충을 매년 겪어왔습니다. 이를 위해 이 책에서는 놀이를 중심으로 교사와 유아 모두가 신나고, 기억에 남는 방법들을 제안하고 있습니다. 책을 읽다 보면 어느새 밑줄을 긋고, 메모도 하고 있는 자신의 모습을 발견하게 될 것입니다. 단지 읽는 것만으로도 아이들과 함께할 놀이들이 머릿속으로 펼쳐지면서 행복한 미소가 띠어집니다. 새 학기가 시작되는 3월의 따뜻한 봄날, 이 책을 토대로 유아들과 행복하게 지내고 싶은 선생님들께 추천해 드립니다.

이애선, 아이사랑 서광어린이집 교사

3월, 교사에게 3월은 새로운 기대감과 함께 부담감이 몰려오는 시기입니다. 이때 기본생활습관을 잘 잡지 못하면 한해가 힘들어진다는 것은 교사들 사이에 아주 잘 알려진 사실입니다. 질서와 규칙을 강조하면 아이들이 힘들어지고 그렇다고 아이들을 마냥 자유롭게 두면 교실은 아수라장이 되고 맙니다. 학기 초마다 재미있게, 즐겁게 보내면서도 교실의 질서를 세울 수 있는 방법은 없을까 늘 막연하게 생각만 했었는데 그 해답이 이 책에 있습니다. 교육계획안과 자세한 놀이 방법, 헬퍼나라쌤과 그래쌤의 TIP까지 이 한 권이면 3월을 보내기에 충분합니다. 늘 현장 교사들을 위해 재미있는 수업과 자료들을 공유해주시는 두 선생님의 노고에 감사드리며, 모든 유치원 선생님과 아이들이 정신없는 3월 새 학기에도 두 선생님이 제안해주시는 즐거운 놀이로 "오늘 유치원 참 재미있어~"라고 웃으며 하원할 수 있기를 희망합니다.

김지영, 경남 양산 신양초등학교병설유치원 교사

• • •

초등학교 1학년 아이들을 만날 준비를 하는 과정에서 유치원에서는 어떤 활동을 하는지 궁금했습니다. 이 책에 나온 것을 다 배운 상태라면 초등학교에서 따로 가르칠 것이 없겠다는 생각이 들었습니다. 유치원뿐만 아니라 초등학교 저학년 아이들에게도 효과적인 놀이와 활동이 가득합니다. 관심이 있는 분들께 적극 추천합니다.

나승빈, 광주서초등학교 교사, 함께 있어 행복한 우리 블로그 운영자

시작하며

따뜻한 봄기운이 기지개를 켜는 3월, 우리는 '어떤 아이들과 만나게 될까?', '아이들과 보낼 일 년을 어떤 모습으로 그려볼까?' 등등 설렘 반, 고민 반으로 아이들을 기다립니다. 아이들은 '유치원에서 어떤 재미있는 일이 생길까?', '어떤 친구들을 만나게 될까?' 기대감으로 가득 차 있습니다. 그리고 부모님들은 '우리 아이가 유치원에서 잘 적응할까?', '어떤 선생님과 만날까?', '친구들과는 잘 지낼까?' 설렘보다는 걱정이 더 많습니다.

이런 걱정과는 달리 아이들은 유치원 생활에 잘 적응해나갑니다. 물론 어린 연령의 유아들은 매일 엄마나 아빠와 떨어지기 힘들어 울기도 하지만 교실에 들어오는 순간 울음을 그치고 놀이를 하기도 합니다. 계속 우는 유아 역시 어느 시기가 지나면 울지 않고, 다른 친구들처럼 유치원 생활에 적응합니다. 아이들의 울음은 아직 아빠 엄마 품에 있고 싶은 어린아이들이 사회에 첫발을 내디디며 스스로 적응하기 위해 부단히 노력하는 과정이라고 생각합니다. 교사가 따뜻하게 안아주고 친밀한 관계를 형성해나간다면, 이 적응 과정이 좀 더 짧아질 수 있으리라 생각합니다.

이렇듯 3월은 유아, 부모, 교사에게 굉장히 의미 있고, 중요한 달입니다. 특히 교사는 유아의 기대에 답하기 위해서라도 아이들에게 집중해야 하는 시기이기도 합니다.

그러나 유아의 기본생활습관 형성을 위해 집중하는 교사의 열정에도 불구하고 행동에 큰 변화가 없다면, 3월이 지나기도 전에 아이들과 교사 모두 지치게 됩니다. 저희 역시 기본생활습관을 잘 지도하고자 하는 마음은 컸지만, 어떤 방법으로 유아의 수준에 맞게 변화를 유도해야 하는지 막막했습니다. 3월 학급운영에 관련한 유치원 전문 서적이 없어 초등학교 대상의 책을 참고했지만 한계가 있었고, 누리과정 지도서를 재구성해 보아도 이 시기에 꼭 필요한 내용이 부족하다는 생각이 들었습니다.

이런 고민을 바탕으로 아이들을 관찰하여 실제 도움이 필요한 부분이 무엇인지, 어떤 방법으로 지도해야 할지 끊임없이 알아가는 과정이 필요했습니다. 결론은 아이들은 놀이할 때 가장 즐겁고 자연스럽게 배운다는 것이었습니다. 그래서 아이들이 가장 좋아하는 놀이로 바른 기본생활습관이 심어지길 바라며 이 책을 쓰기 시작했습니다. 이렇게 형성된 기본생활습관과 긍정적 관계는 놀이중심 교육과정을 운영하는 데 기초가 되었습니다.

즐겁게 활동에 빠져 유아도 모르게 배움이 일어나는 진짜 놀이를 만들기 위해 많이 연구했습니다. 놀이에는 분명히 힘이 있었습니다. 아이들은 놀이 속에서 인사를 배우고 줄을 바르게 서며 여러 습관을 익혀 나갔으며 친구와의 관계 형성도 자연스럽게 이루어졌습니다. 생활지도와 놀이를 결합하는 것이 굉장히 어려운 일이었지만, 일방적인 이야기 나누기와 잔소리 같은 지시가 얼마나 아이들을 힘들게 하는지를 알기에 더 많은 시행착오를 거치며 놀이를 만들었습니다.

저희는 이 책이 바쁘게 돌아가는 유치원 현장에서 놀이에 대한 새로운 시각을 제시하는 한 줄기 빛이 되기를 바랍니다. 또한 3월이 채 가기도 전에 지치고, 포기하는 교사들에게 힘이 되고 싶습니다. 무엇보다도 아이들이 자기가 좋아하는 놀이를 하며 유치원 생활을 즐겁게 하기를 바랍니다.

아이들에게 무엇이라도 하나 더 주고 싶은 부모의 마음을 가진 교사의 뜨거운 열정이 3월 유치원 교실에 가득하길 소망합니다. 3월에 철저한 준비로 자신감을 가지고 수업에 임하면 실수가 있더라도 알차고 보람 있는 하루가 더 많아질 것입니다. 이렇게 쌓인 신뢰를 바탕으로 아이들이 건강하게 성장하도록 유아, 교사, 학부모가 함께 돕는 교육공동체가 되길 소원합니다.

다만 이 책은 하나의 수업 방법일 뿐 정답이 아니므로 유치원과 학급의 분위기, 유아의 특성 등 수많은 변수에 맞게 자기만의 재구성 과정이 꼭 필요합니다. 그런 과정은 내가 꿈꾸는 수업, 우리 반 아이들과 함께 만들어가는 수업을 찾아가는 시작점이 될 것입니다. 더 이상 걱정이 아닌 설렘과 즐거움으로 3월을 맞이하시기를 응원합니다.

마지막으로 책의 계획부터 완성까지 함께해주신 하나님께 감사와 영광을 드립니다.

차 례

1부 3월 놀이 중심 학급 세우기

2부 3월 놀이 중심 학급운영의 실제

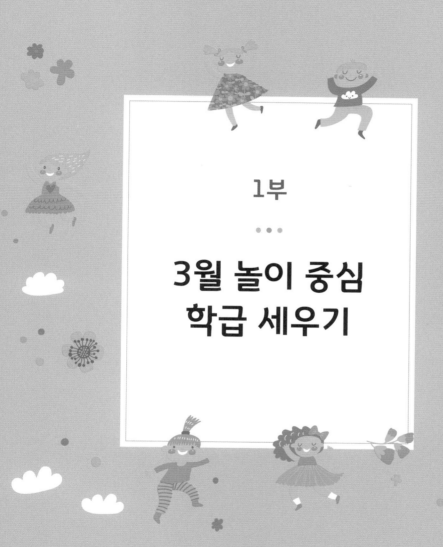

1부

· · ·

3월 놀이 중심
학급 세우기

1장

3월 학급운영을 위한 준비

황금의 시기, 3월을 소개합니다

선생님은 3월에 어떤 내용을 중점적으로 지도하시나요?

유치원, 어린이집은 대부분 3월 생활주제를 '유치원과 친구'로 정하고, 그 안에 '유치원에서의 환경', '유치원에서의 하루', '유치원에서 만난 친구'라는 주제로 3~4주간 운영합니다.

이 시기의 주된 목표는 유아의 유치원 적응과 기본생활습관의 기초를 형성하는 것입니다. 학급의 특성에 따라 작은 습관 하나까지 반복적으로 지도해야 합니다. 이러한 기본생활습관 지도는 3월부터 체계적으로 시작되어야 효과적입니다. 초등학교 교사인 허승환 선생님의 『허쌤의 학급경영코칭』의 부제는 '황금의 2주를 잡아라'입니다. 허승환 선생님은 안전한 공동체의 기초가 황금의 2주일로부터 시작된다고 말합니다.

생활지도가 중심이 되는 유치원은 연령, 발달 수준, 흥미, 학급 특성 등을 고려하여 짧게는 4주, 길게는 6주가 황금의 시기입니다. '세 살 버릇 여든까지 간다'는 속담과 같이 황금의 시기를 어떻게 보내느냐에 따라 학급의 모습이 달라진다고 해도 과언이 아닙니다. 짜임새 있고 알찬 내용으로 황금의 시기를 보낸다면, 일 년 동안 큰 어려움

없이 학급을 운영할 수 있을 것입니다.

　그렇다면 황금의 시기, 3월에 유아와 긍정적인 관계를 맺으며 기본생활습관을 잘 형성하기 위해서는 어떻게 해야 할까요?

첫째, 놀이를 통해 이루어져야 합니다

　놀이를 통해 유아는 활동에 자발적으로 참여하고, 삶에 필요한 지식과 기술, 태도 등을 긍정적으로 익혀 나갑니다. 최근 교육 현장에서는 이러한 놀이를 더욱 강조하고 있지만, 기본생활습관은 유아가 지켜야 할 규칙과 약속이라는 생각에 놀이보다는 관련 동화나 이야기 나누기에 치중되어 있습니다. 그래서 저희는 지속적인 수업 연구와 반성을 통해 3월 유치원 학급운영에 필요한 내용을 선정했고, 이를 다양한 유형의 놀이와 접목해 활동안을 만들었습니다.

둘째, 3월 주간교육계획안은 2월에 미리 작성합니다

　3월은 입학식을 비롯한 행사부터 환경 정리와 각종 문서 처리까지 눈코 뜰 새가 없습니다. 그러다 보면 작년과 동일하게 계획하거나 누리과정 지도서에 나온 주간교육계획안을 그대로 복사해서 사용하기도 합니다. 하지만 놀이 중심의 활동일수록 철저한 계획이 필요합니다. 본인이 맡을 학급의 연령을 모르더라도 준비할 수 있습니다. 연령별 활동의 수준이나 양은 다를 수 있지만, 큰 체계는 변하지 않습니다. 3월은 유아 주도의 놀이보다는 놀이적 요인을 포함한 교사의 계획이 더 많이 필요합니다. 주간교육계획안을 미리 작성해두면 1주와 2주, 2주와 3주 등 주간교육계획안 간의 연계성과 계열성을 한눈에 볼 수 있고, 3월 전체의 흐름을 짚어볼 수 있습니다. 그래서 이 책에는 키워드를 통해 각 주의 주요 교육내용 및 연령별 주간교육계획 예시안을 제시했습니다.

셋째, 관계 형성 놀이를 매일 합니다

　아무리 놀이라고 해도 기본생활습관이라는 목적을 가진 활동만으로는 유아의 흥미를 지속하기 어렵습니다. 유아가 유치원이 즐거운 곳이라고 느끼고, 유아-유아, 유아-교사 간의 좋은 관계를 맺을 때 기본생활습관을 더욱 잘 형성할 수 있습니다. 그래서 친밀한 관계를 맺을 수 있는 다양한 놀이를 제시했습니다.

기본생활습관 지도는 이렇게 하세요

규칙의 필요성을 주입하기보다는 놀이를 통해 스스로 깨달을 수 있도록 합니다.

기본생활습관과 관련된 놀이 중심 활동을 체계적으로 계획하여 유아의 자발적이며 적극적인 참여를 유도합니다. 교사는 유아의 발달 수준을 고려하여 다양한 활동을 준비하고 활동에 대한 안내자 및 촉진자의 역할을 해야 합니다.

기본생활습관 내용을 세분하여 구체적으로 시범을 보여주고, 유아가 스스로 해볼 기회를 제공해야 합니다.

유아는 발달 특성상 구체적이며 직접적인 경험을 토대로 학습이 이루어집니다. 그래서 반복적으로 연습할 수 있는 시간과 기회를 충분히 제공하는 것이 중요합니다.

유치원에서 지켜야 할 많은 규칙은 단시간에 습득되는 것이 아니므로 인내심을 가지고 꾸준히 지도해야 합니다.

유치원에서 지켜야 할 규칙들을 욕심내서 한꺼번에 가르친다고 해도 유아들은 제대로 배울 수 없습니다. 하나라도 정확하게 가르친다는 마음으로 인내심을 가지고 접근하는 것이 좋습니다.

이야기 나누기뿐만 아니라 다양한 유형의 통합적 활동을 통해 반복적으로 지도합니다.

기본생활습관 지도는 교사 주도의 이야기 나누기가 대부분이라 자칫 지루할 수 있으므로 게임, 동시, 동화, 미술, 역할놀이 등으로 다양하게 접근합니다. 기본생활습관을 중심으로 통합되는 활동들을 관련지어 반복하면 효과적으로 지도할 수 있습니다.

유아 개개인의 발달 단계나 습관 형성의 시기를 충분히 고려하여 개별적으로 지도합니다.

이 책에 소개된 다양한 활동은 유아의 관심과 흥미, 발달이나 환경 특성, 유아 수, 학급 분위기 등을 통합적으로 고려하여 재구성할 수 있습니다. 교사는 모든 유아가 동시에 같은 것을 하도록 기대하지 말고, 난이도를 조절하여 맞춤형 개별지도를 하는 것이 바람직합니다.

가정과 공유하여 함께 지도하고, 교육에 참여를 유도합니다.

오리엔테이션을 할 때 학부모님들께 3월 한 달은 기본생활습관을 지도하는 중요한 시기이므로 유아가 결석하지 않도록 부탁을 드립니다. 특히 유아교육 기관에 처음 오는 유아 또는 만 3세 유아는 낯선 환경에 적응하지 못하거나 유치원에 안 간다고 떼를 쓰는 경우가 있습니다. 이를 대비하여 유치원의 교육 방향이나 철학을 소개하며, 교사를 믿고 유치원에 꾸준히 보내 달라고 미리 이야기를 합니다.

또한 SNS나 가정통신문을 활용하여 기본생활습관과 관련된 활동을 주기적으로 안내하여 가정에서도 함께 지도할 수 있도록 합니다. 특히 규칙적인 하루 일과를 위해 등원 시간 지키기, 배변 훈련, 인사 등은 함께 지도하는 것이 좋습니다.

구체적인 칭찬을 통해 내적동기를 강화합니다.

유아에게 관심을 기울여주고 기본생활습관이 내면화될 수 있도록 긍정적인 격려와 칭찬은 꼭 필요합니다.

새 학기를 시작하기 전 미리 준비하세요

새로운 만남에 대한 기대를 가지고 3월이 시작되기 전, 깨끗하게 교실 환경을 정비하고, 유아들을 맞이할 준비를 합니다.

환경

1. 교실 청소 및 놀이를 위한 환경 구성

교실이 정해지면 교구장 아래, 교구 바구니, 책상 등 보이지 않는 곳까지 청소하는 것이 좋습니다. 또한 입학식 날부터 유아가 자유롭게 놀이할 수 있도록 흥미를 끌 수 있는 놀잇감을 준비합니다.

Q&A ● ● ●

Q. 교구장에 교구를 모두 채워야 하나요?

A. 정해진 것은 없습니다. 유아 수, 유치원의 놀잇감 보유 정도에 따라 교사가 자율적으로 채워줄 수 있습니다. 그러나 비어 있는 모습보다는 다양한 놀잇감이 있을 때 유아들은 유치원을 재미있는 곳으로 생각할 수 있습니다.

Q. 입학 첫날 좁은 교실에서 부모님과 모일 때 교구장은 어떻게 해야 하나요?

A. 교실에 있는 교구장은 늘 이동이 가능합니다. 꼭 부모님이 함께하는 행사뿐만 아니라 평소에도 교구장을 이동하여 최대한 교실을 넓게 사용하면 됩니다.

2. 텔레비전 및 컴퓨터의 위치 정하기

교실에 있는 텔레비전은 출입문 쪽으로 시선이 가지 않도록 출입문 반대 방향에 놓는 것이 좋습니다. 또한 텔레비전과 연결된 컴퓨터 모니터를 유아들이 볼 수 없는 방향으로 돌리고, 유아들이 바라보는 화면 쪽 벽면에는 시선을 분산시키지 않도록 깔끔하게 정리하는 것이 좋습니다.

Q&A ● ● ●

Q. 교사 컴퓨터 책상이 공간을 많이 차지하고, 컴퓨터를 쓸 때마다 교사 책상에 앉는 불편함을 최소화하는 방법이 있나요?

A. 교사마다 다를 수 있지만, 교실 앞쪽에 높고 큰 책상이 있다면 답답해 보일 수 있습니

다. 효과적인 수업을 위해서는 교사의 동선이 짧을수록 좋습니다. 시중에 판매되고 있는 에어마우스나 무선마우스로 컴퓨터를 조작하는 것을 추천합니다. 또한 필요하지 않다면 교사 책상을 교사실로 옮기는 것을 추천합니다.

3. 유아 수를 고려하여 책상과 의자 놓기

유아의 수, 모이는 방법에 따라 책상과 의자를 준비하고, 유아의 연령 및 영역에 따라 책상의 높낮이를 조절합니다. 예를 들어, 만 5세 반 미술 영역의 경우에는 유아들이 오랜 시간 집중해서 작업할 수 있도록 높은 책상과 의자를 제공합니다. 교실에 있는 모든 유아를 관찰하려면 교실 앞쪽에는 낮게 시작하여 뒤쪽으로 갈수록 높게 배치하면 좋습니다.

4. 칠판, 보드마카, 자석

교실에 있는 유아 칠판에서 사용할 수 있는 보드마카나 지우개, 쉽게 떼고 붙일 수 있는 자석을 준비해두면 좋습니다.

5. 교실 환경판 및 이름표

환경판에는 유아를 환영하는 그림이나 글자, 이름을 붙여 놓습니다. 또한 현관과 교실 문 앞에 붙일 학급별 유아 명단과 신발장과 사물함 등 이름표를 미리 준비합니다.

학급운영을 위한 준비

1. 학급운영 목표 세우기

여행을 떠나기 위해 목적지가 있어야 하듯 내 학급의 여행을 위해서는 목표가 분명해야 합니다. 일 년간 학급을 어떠한 모습으로 이끌어 갈지에 대해 고민하는 시간을 가지시길 바랍니다. 교사로서 나를 돌아보고, 내가 바라는 유아상이나 유아들에게 어떠한 교사가 되고 싶은지 등 한 줄이라도 좋으니 적어보시기 바랍니다. 짧은 시간이라도 내 학급에 대해 고민한 교사라면 그 시간은 학급운영에 큰 버팀목이 될 것입니다.

2. 학급일지

유아 놀이 관찰, 학부모 상담, 투약의뢰서 등 학급에서 일어나는 전반적인 내용을 기록할 수 있는 학급일지를 만들어놓으면 좋습니다. 이 기록들은 학부모 상담에 활용하거나 다음 학년도 교육계획에 반영할 수 있습니다. 또한 학급일지 한쪽 면에는 주간교육계획안을 붙여 그날의 수업 반성 내용을 간략하게 기록할 수 있습니다.

학급일지에 다음과 같은 내용을 포함할 수 있습니다.

- 학급 유아 명부(주소, 비상 연락망, 통학차 탑승 여부 등)
- 각종 조사표(체험학습 신청서나 준비물 등을 확인할 때 사용)
- 건강기록부(연 2회 유아의 키와 몸무게를 측정하여 생활기록부에 반영)
- 유아 놀이 관찰 기록란
- 학부모 상담일지
- 투약의뢰서 기록
- 교사의 업무 스케줄
- 누리과정 해설서, 지침서 요약본

학급일지

유아 관찰 기록 및
교사 업무 스케줄

각종 조사를 위한 유아 명단

유아의 놀이 관찰이나 수업 반성을 매일 기록하는 것에 부담을 느낄 수 있습니다. 실제로 선생님들을 만나면 일지를 쓰는 데 시간이 오래 걸려 어렵다며 어떻게 해야 하는지 묻기도 합니다. 학급일지는 자신의 학급 운영에 대한 기록이지 다른 사람에게 보여줄 용도가 아니므로 필요한 내용만 짧게 기록하면 됩니다.

주간교육계획안의 수업 반성도 마찬가지입니다. 수업을 하다 보면 교사가 의도하지는 않았지만, 유아 스스로 흥미로운 활동을 만들어 확장해 나가기도 하고, 교사 역시 수업 중에 좋은 아이디어가 떠오를 때도 있습니다. 또한 교사가 재미있을 것이라는 생각에 계획한 활동에 유아는 큰 반응이 없을 수도 있습니다. 이런 내용을 짧게 기록하여 같은 유형의 다른 수업에서는 실수를 반복하지 않도록 하거나 다음 해 주간교육계획안 작성 시 귀한 자료로 사용할 수 있습니다.

활동	12일(월)	13일(화)	14일(수)	15일(목)	16일(금)
소주제	내 물건에 이름쓰기	내 가방 정리하기	내 신발 정리하기	내 옷 정리하기	내 수첩 사용하기
맞이하기 (~9:00)	눈마주치기, 안아주기, 하이파이브, ET인사, 손 점프 터치로 따뜻하게 맞아주기				
인사 나누기 (9:00~9:20)	"안녕" 노래로 인사를 해요	∞는 어디있나	일과 소개하기		
자유선택놀이 (09:20~10:30) 쌓기	블록으로 자유롭게 꾸미기				
역할	옷을 옷걸이에 걸어요.				
언어	교사가 들려주는 동시 '쉿! 걱정하지마'		내 이름 찾아보기		
수조작	내 옷의 단추, 지퍼 잠그기		내 신발의 오른쪽, 왼쪽 그림 짝짓기		
미술	가위를 안전하게 사용해요		가방 브러치 그림 색칠하기		
기본생활습관(계별)	화장실사용방법, 양치질하기				
교육과정활동 14:00 대·소집단활동 (10:30~11:50)	함께하는 놀이 내가 사용하는 물건에 이름 스티커를 붙여요. (색연필, 가위, 풀) 이름을 붙이는 이유에 대해 이야기하기	함께하는 놀이 내 가방을 찾아라 내 가방으로 만든 브로치를 달아요 내 가방을 집을 찾아 주세요	함께하는 놀이 뒤축맞춰 신발 찾기 브로치가 찾는 색칠 실내화	함께하는 놀이 내 걸옷과 옷걸이를 찾아라	함께하는 놀이 수첩에 있는 날짜를 찾아라
음악	나는 할 수 있어 노래 부르기	인성놀이 우리는 의형제	5분 안전교육	나는 할 수 있어 노래	어울림 놀이
점심 (11:50~12:40)	손 씻기·점심·책보기·양치질하기				
바깥놀이 (12:40~13:50)	바깥놀이 하고 싶은 장소를 선택해서 함께 놀이하기 (운동장, 놀이터, 복합놀이기구, 공놀이 등)				
방과후활동 특성화 활동	종이접기 색종이 사용알기 (세모 접기)	기본생활습관 유치원에서의 약속	신체 몸을 쭉쭉 스트레칭	음악 유치원에 갑니다	미술 여러 가지 책으로 색칠해보기
대·소 자유선택활동	자유선택활동	바깥놀이 모래놀이	오후 자유선택활동	뜻블 놀이터	바깥놀이 운동장 공놀이

주간교육계획안에 기록한 수업 반성 내용 예
• 미세먼지로 인해 바깥놀이를 실내 활동으로 대체함.
• '수첩에 있는 숫자를 찾아라' 반성
 – 유아가 더 쉽게 알아볼 수 있도록 날짜 숫자를 칠판에 한 번 더 써주기
 – 수첩을 140% 정도 확대하여 복사하기

인수인계

새로운 유치원에 부임하거나 업무 담당자가 바뀌어 인수인계를 해야 할 때 살펴보아야 할 내용을 정리해보았습니다. 각 유치원의 상황에 따라 차이가 있을 수 있으니 참고용으로 활용하시길 바랍니다.

1. 유치원 실태
   - 연구학교 또는 유치원 평가 대상 여부 확인하기
   - 입학 유아 파악하기(신입학, 재원생 여부, 다문화 가정 등)
2. 교육과정
   - 해당 연도 교육계획 한글 파일 확인하기
3. 통학 차량 운행
   - 통학 차량 노선별 시간 및 이용방법, 안전도우미 연락처 알아보기
   - 통학 택시 활용 시 계약서, 운영계획, 예산 확인하기
4. 급식
   - 급식 시간, 방법 알아보기
5. 유치원 인력
   - 방과후과정 담당교사, 유치원 자원봉사자 등
6. ID, 비밀번호, 인증서
   - 컴퓨터(교실, 교사실) 비밀번호 및 업무 관련 파일 보관 장소 확인하기
   - 유치원 인증서, 유아학비시스템, 정보공시시스템, 교원능력개발평가, 통합교육시스템 등 각종 ID와 비밀번호 확인하기
7. 유치원 환경
   - 출입문 및 기타 열쇠, 방범문, 보일러 작동법 확인하기
   - 유아학비 시스템 카드 인증 단말기 보관 장소 알아보기
   - 교체해야 할 물건, 교재교구 등 알아보기
   - 각종 장부 확인하기

‒ 도서, 자료, 비품, 졸업 · 수료 대장, 유아이동부 등 보관 장소 확인하기

‒ 전년도 장부(방과후과정 담당교사 · 자원봉사자 근무상황부, 특성화 강사 출근부, 생활기록부, 방학 중 방과후과정 운영 계획 등) 확인하기

8. 유치원 운영위원회

• 심의 내용: 학사 일정, 방과후과정 특성화교육 프로그램 운영계획, 현장체험학습 운영계획, 안전 관리 운영계획, 인성 교육 계획 등(지역별 심의 내용은 상이하므로 전년도 운영위원회 안건 확인하기)

학부모 오리엔테이션

학부모 오리엔테이션에서는 유치원의 교육 방향, 교직원 소개, 학부모 협조 사항 등 자세한 안내를 통해 유치원에 대한 믿음과 교사에 대한 신뢰를 형성합니다. 오리엔테이션은 입학식 후 학부모님이 모인 자리에서 진행할 수도 있고, 2월 말 하루를 정해 하기도 합니다. 2월에 실시할 경우 유아가 교실에서 놀이하는 시간을 마련하여 앞으로 다니게 될 유치원에 친숙해지는 시간을 갖도록 합니다.

1. 직원 소개

2. 유치원의 교육 방향

3. 교육과정(방과후과정) 중점 활동 안내

4. 유치원의 하루 일과 안내

• 유치원 하루 일과 활동의 예, 급 · 간식 시간 및 방법, 등 · 하원 귀가 방법(통학버스 노선) 등

5. 연간 교육 일정 안내

• 현장체험학습, 학부모 상담, 방학 및 방학 중 유치원 운영, 학부모 참여 및 참관 수업, 유치원 행사(입학식, 졸업 및 수료식, 기타 행사 등)

6. 유치원 홈페이지 및 SNS 안내

7. 학부모 협조사항

- 3월은 기본생활습관을 중점적으로 지도하는 시기이므로 되도록 결석하지 않도록 해주세요. 결석 시 미리 교사에게 연락해주세요.
- 9시까지 유치원에 등원하는 습관을 기를 수 있도록 도와주세요.
- 장난감 등 개인 소지품은 유치원에 가지고 오지 않도록 해주세요.
- 학부모 상담은 교육과정이 종료되는 ○시 이후에 가능합니다. 유치원 적응도, 사회성 등 유아에 대해 궁금한 점이나 함께 이야기 나누고 싶을 때는 언제든지 연락해주세요.
- 등·하원 교통안전, 성폭력 및 유괴 예방교육 등 매일 안전교육을 실시하고 있습니다. 가정에서도 부모님의 연락처, 집 주소를 유아가 숙지할 수 있도록 함께 지도 부탁드리며, 귀가 시간이나 보호자가 변경될 경우 미리 연락해주시기 바랍니다.
- 기간 내에 영·유아 건강검진을 실시한 후 확인서를 제출해주세요.
- 기관에 처음 오는 유아나 어린이집에서 유치원으로 기관이 변경되는 경우 유아학비지원을 신청해주세요. 학비 지원은 읍, 면, 동사무소 또는 복지로 사이트를 통해 2월 말 이전까지 부탁드립니다. 아이행복/즐거운 카드는 3월 1주에 유치원으로 보내주시기 바랍니다.
- 대·소변 실수에 대비하여 여벌 옷을 준비해주세요.
- 매일 유아의 건강상태를 체크해주시고, 컨디션이 안 좋은 경우 미리 이야기를 해주세요. 약을 보낼 경우 약병에 이름을 써주시고, 1회 용량만 투약 병에 넣어 보내주세요. 또한 투약의뢰서에 투약시간, 용량, 약 보관 방법을 구체적으로 기록해주세요. 감염병에 걸린 경우에는 유치원에 이야기해주시고, 등원 자제를 부탁드립니다.

8. 기타

- 장애이해교육, 성폭력예방교육, 교원능력개발평가 등도 함께 안내할 수 있습니다.
- 유치원 운영위원회 학부모 위원을 선출합니다.

입학식 준비

입학식은 유치원에 따라 시기나 방법도 다양하지만, 유아와 교사, 학부모가 함께 앞으로의 일 년을 축하하며 서로를 기쁨으로 맞이하는 날입니다. 입학식은 강당에 모두 모여 실시하기도 하고 각 학급에서 유아 중심의 입학식을 하기도 합니다. 또한 공연이나 이벤트 등을 활용하는 등 각 유치원이나 학급 규모에 따라 다양한 방법으로 운영할 수 있습니다.

1. 사전 준비사항

- 유아 명단 확인 및 이름표, 선물 준비하기
- 입학식 일정 안내하기
  - 우편이나 SNS를 활용하되 필요한 경우 전화로 한 번 더 안내합니다.
- 식순과 반별 명단 부착하기
- 입학식 프레젠테이션과 방송시설 확인하기
- 입학식장 구성하기
  - 대부분 강당이나 체육관 등의 넓은 공간에서 입학식을 하지만, 유치원 상황에 따라 교실에서 실시하기도 합니다. 신입생을 포함한 모든 유아와 학부모가 앉을 의자를 준비하고 학급 수가 많은 경우 반별로 좌석 배치를 합니다. 유아가 바라보는 정면에는 강대상을 배치하고 양옆으로 입학 선물을 놓은 책상과 사회자석을 마련합니다. 이 외에도 풍선 장식이나 레드카펫, 간단한 음료 등을 준비할 수 있습니다.

2. 입학식 당일

- 교실 환기하기
- 입학식장 확인하기
- 유아와 인사하며 이름표 붙여주기
- 입학식장으로 이동하기

- 입학식
  - 국민의례, 입학허가, 선물 증정, 원장선생님의 말씀, 축하 공연의 순으로 이루어집니다.
- 학부모님과 담임교사 만남 갖기
  - 입학식이 끝난 후 유아와 함께 학부모님도 교실로 돌아와서 이야기를 나눕니다. 이때는 교사 소개와 함께 교사의 교육관에 관한 이야기를 할 수 있고, 가족별로 돌아가며 소개를 할 수 있습니다. 또한 유치원에 대해 궁금한 것에 대해 질문을 합니다.
- 유치원 일정 운영하기
  - 입학식 후에는 오리엔테이션을 하거나 유치원 상황에 따라 바로 하원 또는 교육과정과 방과후과정을 정상적으로 운영하기도 합니다.
- 학부모님께 보내는 편지
  - 학부모님과 첫 만남 때 담임교사의 교육관을 담은 편지를 준비합니다. 꼭 입학식 날이 아니더라도 3월 중 유아 편에 가정으로 보낼 수 있습니다. 진심을 담은 교사의 편지로 학부모와 신뢰감을 형성하는 첫 단추를 끼울 수 있을 것입니다.

안녕하세요. 예쁘고 사랑스러운 아이들을 제게 맡겨주셔서 감사드립니다. 아이들을 가르치는 데 있어 부족함이 없도록 최선을 다할 것을 약속드립니다. 앞으로 일 년 동안 아이들을 가르칠 저에 대해 간단히 소개해보려고 합니다.

저는 ○○초 4년, ○○초 4년, ○○초 2년 총 10년 동안 열정을 바탕으로 차근차근 학부모님께는 신뢰를, 아이들에게는 사랑받는 교사가 되기 위해 노력해왔습니다. 저는 올해 특별한 인연으로 만난 우리 아이들을 다음과 같은 어린이로 자라도록 돕겠습니다.

기본생활습관의 기초가 탄탄한 어린이

3월 한 달은 놀이를 통해 인사부터 가방, 신발 정리, 줄서기 등 기본적인 것부터 세세하게 지도할 예정입니다. 이는 첫술에 배부를 수 없는 법!
욕심내지 않고, 지속 반복하여 지도하겠습니다. 다만, 3월은 황금의 4주라고 불릴 정도로 기본생활습관과 관계 형성의 중요한 시기이므로 되도록 결석하지 않도록 해주세요.

자신감 있게 자기 생각을 이야기하는 어린이

이를 위해 먼저 다른 사람들의 이야기를 바른 자세로 듣는 태도를 길러주고, 다양한 극놀이를 통해 아이들이 창의적으로 표현할 수 있도록 힘쓰겠습니다!

유치원에 가고 싶어 벌떡 일어나는 어린이

아이들이 '오늘은 선생님이 어떤 재미있는 활동을 알려주실까' 라는 기대와 설렘을 안고 유치원에 올 수 있도록 최선을 다하도록 하겠습니다. 사실, 이 말이 굉장히 부담스러워 쓸까 말까 고민을 많이 했습니다. 학기 초에 아이들이 새로운 환경과 교사에 적응을 못 해 유치원에 가고 싶지 않다는 말을 하는 경우가 많기 때문입니다. 이럴 경우 학부모님께서 저를 믿고, 유치원에 꼭 올 수 있도록 격려해주세요^^

【 그래쌤이 학부모께 보내는 편지 예 】

길고 추운 겨울이 지나가고 어느덧 따뜻한 바람이 불어오기 시작했습니다. 곧 피어날 꽃을 기대하며, 꽃보다도 더 귀하고 예쁜 소중한 ○○반 아이들을 저의 제자로 만나게 되어 너무 행복합니다.

안녕하십니까? 저는 20○○학년도에 ○○반 담임을 맡게 된 ○○○입니다.
매년 아이들이나 학부모님 모두 새 담임선생님에 대하여 많이 궁금해하실 것으로 생각합니다. 저는 올해로 경력 ○년 차인 교사입니다. 이곳 ○○유치원에 온 지는 3년째가 되었습니다. 또한 24개월 남자아이의 엄마이기도 합니다. 아이를 낳고 길러보니 모든 아이가 너무도 소중하고 사랑스럽다는 것을 누구보다 더 잘 알고 있습니다. 내 아이를 대하듯 ○○반 유아들을 사랑으로 대하겠습니다.

저는 ○○반 아이들이 유치원에서 까르르 웃으며 신나고 재미있게 보냈으면 합니다. 한글 공부도 중요하고, 숫자 공부도 중요합니다. 하지만 유아기에 그것보다 더 중요한 것은 신나게 놀 수 있는 능력을 길러주는 것이라고 생각합니다. 우리 반 아이들이 혼자뿐만 아니라 친구와 함께 재미있게 놀며 사랑스러운 이야기를 만들어가는 ○○유치원 행복반이 되도록 하기 위해 열정을 다해 노력하겠습니다. 저에게 아이들을 맡겨주심에 감사합니다. 학부모님께서 많이 응원해주시고, 믿어주시면 저는 더 힘이 날 것 같습니다.

3월은 유아들의 유치원 적응기입니다. 선생님과 유아, 유아와 유아가 상호작용을 통해 우리 아이들은 더욱 자랄 수 있습니다. 또한 자기 물건 정리정돈에서부터 다양한 약속을 배워 기본생활습관을 형성하는 중요한 시기로 결석하지 않도록 해주시길 부탁드리겠습니다. 아이들이 유치원에 적응을 잘할 수 있도록 지원 부탁드립니다. 상담이 필요하면 주저하지 마시고, 교육과정 수업이 끝난 이후에 전화나 문자 남겨주시기 바랍니다. 감사합니다.

【 헬퍼나라쌤이 학부모께 보내는 편지 예 】

2장

3월 주간교육계획안 작성

　　유치원의 3월은 유아들에게 아주 중요한 황금의 시기입니다. 다른 생활주제에는 좀 더 유연하고 자율적으로 활동을 계획할 수 있지만, 3월은 놀이중심 교육과정 운영을 위한 기초를 다지는 시기이므로 구체적인 주간교육계획안이 필요합니다. 따라서 3월 구체적인 운영에 대해 알려드리고자 주간계획안 작성 방법과 연령별 예시(안)을 만들어보았습니다.

'유치원과 친구'와 다른 생활주제를 통합하여 운영할 수 있습니다.
- '건강한 몸과 마음'의 '깨끗한 몸과 마음' : 스스로 옷, 가방, 신발 정리 및 화장실, 양치질, 손 씻기 등 자조 기술 익히기
- '생활도구' : 자유놀이에 제공된 놀잇감 및 도구의 안전한 이용, 정리정돈 습관
- '건강한 몸과 마음'의 '안전한 놀이와 생활' : 유치원의 하루 일과, 실내외 유치원 안전 약속 알아보기, 등·하원 및 교통안전 교육 실시하기
- '세계 여러 나라' : 다양한 나라 친구들의 모습 알아보기

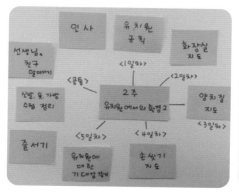

3월 한 달 동안 지도해야 할 내용을 생각하며 키워드로 정리합니다.

그동안 늘 참고해오던 지도서에서 벗어나 우리 반 아이들에게 가장 필요한 내용이 무엇인지 고민해서 적어봅니다.

마인드맵을 보며 활동의 우선순위를 결정합니다.

유아의 연령이나 발달 수준을 고려하여 가장 필요하고 선행되어야 할 내용부터 순서를 정합니다.

학기가 시작되기 전, 3월 전체의 주간교육활동을 미리 계획합니다.

3월 교육 활동의 전체적인 맥락을 파악하기 위해 미리 주간교육계획안을 작성하는 것이 필요합니다. 이때 소주제와의 연계성과 활동 간 계열성을 고려하여 계획합니다.

유아의 발달 수준과 흥미를 꼼꼼하게 관찰하여 주간교육계획안을 수정합니다.

 - 미리 준비한 주간교육계획안은 유아의 연령 및 학급 유형 등 상황에 따라 난이도와 양을 융통성 있게 조절합니다.
 - 만 3세 유아는 만 5세 유아에 비해 최대한 내용을 줄여 여유를 가지고 지도할 수 있도록 합니다.

‒ '자유놀이의 날'을 따로 계획하여 유아들이 주도적으로 놀이할 수 있도록 합니다.

‒ 도움이 필요한 유아는 유아의 놀이 시간이 방해되지 않은 범위 내에서 휴식 시간 등을 활용하여 개별적으로 지도 계획을 세웁니다.

기본생활습관 지도 시에는 '1일 1개'의 활동을 계획하는 것이 바람직합니다.

활동의 양이 너무 많으면, 계획된 활동에 묶여 정작 중요한 것을 놓칠 수 있습니다. 교사와 유아 모두 여유를 가질 수 있도록 '1일 1개'의 목표를 정하는 것이 좋습니다.

하나의 기본생활습관 덕목을 지도하기 위해 다양한 유형의 활동으로 반복적으로 접근합니다.

‒ 2부에 소개된 수업은 편의상 주별로 나뉘어있으나 각 유치원에 맞게 순서를 조정하여 활용할 수 있습니다.

‒ 화장실 사용 지도의 예

2주: '응가를 했어요' 동화, 교실 속 화장실 역할놀이 하기

3주: 딩동댕 화장실 사용 순서 알아보기

4주: 화장실 사용 예절 OX 퀴즈 맞히기

자유놀이와 바깥 놀이는 각각 60분 이상씩 계획합니다.

‒ 3월 초 바깥 놀이는 안전사고를 예방하기 위해 정적인 놀이에서 시작하여 점차 동적인 놀이로 확대하는 것이 좋습니다.

‒ 3월 초에는 줄서기나 정리정돈 등 기본생활습관과 관련된 바깥 놀이 활동이나 주제와 관련된 실외 활동을 할 수 있습니다.

‒ 바깥 놀이는 요일별로 다양한 유형의 활동을 계획할 수도 있고, 유아가 원하는 바깥 놀이를 할 수도 있습니다. (산책, 달리기, 비눗방울 놀이, 훌라후프나 공, 리본 막대 등의 도구를 활용한 놀이, 전래놀이, 종합놀이기구 등)

‒ 3월 초에는 탐색을 위해 자유놀이 시간을 충분히 제공합니다.

‒ 주제, 대 · 소집단 활동이 연계될 수 있도록 계획합니다.

놀이를 통해 다양한 유형의 활동을 통합합니다.

– 이야기 나누기, 동시, 동화, 동요, 게임, 신체활동, 바깥 놀이, 수·과학, 역할놀이, 쌓기 놀이, 수·조작 놀이, 언어놀이, 미술놀이 등 다양한 유형의 활동이 놀이 속에서 함께 이루어지도록 합니다.

– 실내 활동과 실외 활동, 정적 활동과 동적 활동, 대·소집단 활동과 개별 활동, 휴식 등을 적절히 안배하여 유아의 고른 발달과 학습이 이루어지게 합니다.

선생님, 친구와의 관계 형성 놀이를 매일 계획하면 좋습니다.

– 3월의 관계 형성 놀이는 활동으로 계획하여 할 수도 있고, 전이시간 등과 같이 짬이 날 때 간단한 놀이를 할 수 있습니다.

– 3월의 관계 형성 놀이는 모두가 쉽게 따라하고 참여할 수 있는 익숙한 놀이로 시작합니다. (예: 무궁화 꽃이 피었습니다., 숨바꼭질, 술래잡기 등)

3월에는 기본생활습관을 집중적으로 지도하는 시기이므로 가정통신문을 통해 일정한 시간에 등원하고, 되도록 결석하지 않도록 안내합니다.

– 예시) 3월은 기본생활습관을 집중적으로 지도하는 시기입니다. 유아들이 결석하지 않고, 9시까지 등원할 수 있도록 협조해주시기 바랍니다.

주간교육계획안의 틀은 융통성 있게 변경하여 사용할 수 있습니다.

– '예 1'은 활동 유형을 구분하여 계획한 것입니다.

– '예 2'는 통합된 활동 유형을 나타내어 계획한 것입니다

– '예 3'은 활동 유형을 별도로 구분하지 않고 통합적인 활동으로 계획한 것입니다. '함께하는 놀이'라는 이름은 정해진 것이 아니며 교사가 학급운영에 따라 적절하게 수정하거나 만들어 사용할 수 있습니다.

〈예 1〉

대 · 소집단 활동	이야기 나누기	5분 안전교육			
		유치원에서의 약속 함께 정하기			
	동화/동시/동극				
	신체/게임			구석구석 이를 닦기	
	음률/과학/역할		교실 속 화장실 역할놀이		움직이는 세균 관찰하기
	미술/언어				손 씻기 홍보 동영상 만들기
	바깥 놀이	큰 비눗방울 놀이, 지그재그 달리기, 자유 훌라후프 놀이, 산책			

〈예 2〉

대 · 소집단 활동	신체 & 게임	동화	미술	동화 & 안전교육	동화 & 역할놀이
	유치원 하루 일과 몸으로 표현하기	지니의 정리가방	맛있는 간식 만들기	버스에 갇혔을 때 대처법 알아보기	놀이터 안전지킴이 되기
바깥 놀이	릴레이 기차놀이, 대문 놀이				놀이터

〈예 3〉

함께하는 놀이	장난감 기차 출발합니다	내 물건에 이름 스티커를 붙여요	가방을 스스로 정리해요	뒤죽박죽 신발 정리하기	옷걸이에 옷을 걸어요
바깥 놀이	바깥 놀이 장소를 바꾸며 놀이하기, 그대로 멈춰라				

3월에 할 수 있는 활동 추천 예시(만 4세)

주\일	3월 1주	3월 2주	3월 3주	3월 4주	3월 5주
주제	유치원에서 만난 선생님, 친구	유치원에서의 환경	즐거운 자유놀이	유치원에서의 하루	유치원에서 만난 친구
1일	입학식 • 선생님 소개 • 즐거운 얼음땡 인사 • 급식 지도	유치원에 와서 할 일 • 유치원에 오면 • 두 손 번쩍 가위바위보	자유놀이 탐색하기 • 자유놀이 계획하기 • 사라진 친구를 찾아라	하루 일과 알기 • 하루 일과 몸으로 표현하기 • 지니의 정리 가방	친구와 함께하기 • 꼬마 피구 • 친구와 함께 미션 수행하기
2일	인사 나누기 • 안녕 노래로 인사하기 • 우리 반만의 특별한 인사법 정하기	화장실 사용법 • 교실 속 화장실 역할놀이 • 예뻐져라 내 짝꿍	쌓기 영역에서 놀이하기 • 영역 탐색하기 • 이름표 만들기	집단활동하기 • 함께 모여 이야기를 나눠요 • 가라사대 놀이	친구와 함께하기 • 우리 반 역할 정하기 • 이름 부루마블
3일	내 소개하기 • 출석 이름 카드 만들기 • 사진촬영	양치질 방법 • 구석구석 이 닦기 • 내 칫솔과 내 컵 찾기	역할 영역에서 놀이하기 • 영역 탐색하기 • 친구와 찰칵찰칵	급·간식 먹기 • 맛있는 간식 만들기 • 간식을 받아요	친구와 사이 좋게 지내기 • 친구하고 마주 보고 • 텔레파시 통하기
4일	우리 반 친구 • 미션 가위바위보 • ○○는 어디 있나?	손 씻기 방법 • 움직이는 세균 관찰하기 • 뽀드득 뽀드득 손 씻기	미술 영역에서 놀이하기 • 영역 탐색하기 • 생활도구 안전 OX 퀴즈	안전하게 유치원 생활하기 • 놀이터 안전지킴이 되기 • 과자로 얼굴 표정 꾸미기	친구와 사이좋게 지내기 • 친구 빙고 게임 • 버스에 갇혔을 때 대처법 알아보기
5일	우리 반 선생님 • 우리 예쁜 선생님(동시) • 교실 속 보물찾기	유치원 적응 • 자유놀이의 날 • 쉿! 걱정하지 마 동시	언어/수·조작 영역에서 놀이하기 • 영역 탐색하기 • 고깔고깔 대작전	안전하게 유치원 생활하기 • 버스에 갇혔어요 • 우리 반 약속 보물찾기	친구와 사이좋게 지내기 • 만약에 친구가 없다면 • 친구야 만나서 반가워

※ 위 표는 만 4세 활동 예시안으로 연령에 따라 내용이 달라질 수 있습니다.

3월 1주: 유치원에서 만난 선생님, 친구

3월 첫 주에는 선생님, 친구와 함께 긍정적인 인간관계를 맺고 새로운 환경에 잘 적응하는 것이 매우 중요합니다. 유치원에 처음 오는 유아는 부모님과 떨어지기 싫어하거나 새로운 유치원의 낯선 공간에 대해 불안해합니다. 따라서 발달 수준과 욕구를 인식하고, 따뜻하면서도 민감한 도움과 배려가 절대적으로 필요한 시기입니다.

1주에는 유아 실태 조사서를 통해 유아교육 기관에 대한 경험 여부, 건강, 수면습관, 식습관, 대인관계 능력, 배변습관 및 처리능력 등 유아에 대한 사전 정보를 분석하고, 활동 중 유아의 행동을 유심히 관찰해야 합니다. 이러한 정보를 바탕으로 유아를 이해하고, 새로운 환경에 적응하도록 도와 즐거운 일과를 보내도록 할 수 있습니다.

- 주제는 유치원에서 만난 선생님 · 친구, 유치원에 왔어요, 유치원에서의 환경 등으로 재구성할 수 있습니다.
- 간단한 놀이를 반복하여 실시하고 여유 있게 일과를 운영합니다.
- 만 3세 유아의 경우 만 4, 5세보다 유치원 적응을 돕는 활동이 더 세분되어야 효과가 있으므로 약 2주에 걸쳐 지도할 수도 있습니다.
- 처음 유아교육 기관을 다니는 유아나 어린 연령의 경우는 미리 파악하여 더욱 즉

각적이고 개별적인 도움을 주어야 합니다.
- 만 3세 유아는 화장실에 다녀오는 시간을 의도적으로 자주 제공합니다.
- 선생님과 친구에 대해 알아보고, 우리 반의 이름과 교실을 탐색할 수 있는 활동을 계획합니다.
- 친밀한 관계 형성과 유치원에 대한 기대감에 초점을 둔 첫 주이지만, 전반적인 유치원 생활에 대한 기본적인 생활지도를 포함합니다. 신발, 가방, 옷, 수첩 등의 정리는 등원할 때 선생님과 인사 후 개별적으로 도움을 주며 정리 방법을 알려줄 수 있습니다. 또한 화장실을 이용하는 방법이나 물 먹는 방법, 급식 방법 등도 대집단으로 간단하게 설명을 해주고, 관찰을 통해 적절하게 도움을 줘야 합니다. 좀 더 구체적이고 세분화된 생활지도는 3월 계획된 날에 합니다.
- 3월 첫날 또는 1주 내에 유아의 적응 정도 및 생활에 관한 정보를 전화나 수첩을 통해 학부모님께 안내합니다.

등원

등원 전 교실 환경 및 수업자료 점검하기

등원 시간은 유아의 기분이나 건강상태를 살피며 가장 가까이에서 유아를 만나는 중요한 시간입니다. 등원 시간의 중요성을 알지 못하면, 자칫 수업 준비나 다른 업무로 놓칠 수가 있습니다. 미리 유아가 등원하기 전에 교사는 교실을 환기하고, 오늘의 수업 활동과 자료를 살펴보아야 합니다.

유아를 반갑게 맞이하며 건강상태 살피기

유아와 눈 마주치기, 안아주기, 이름 불러주기, 스킨십, 칭찬하기 등 다양한 방법으로 인사를 나눕니다. 또한 "오늘은 머리를 예쁘게 묶고 왔네", "우와, 선생님 운동화 색깔이랑 똑같은 파란색 운동화를 신고 왔네" 등 관심을 표현하는 교사의 한마디에 유아는 밝게 웃으며 하루를 시작할 수 있습니다.

또한 인사를 나누며 유아의 건강상태를 세심하게 살펴볼 필요가 있습니다. 컨디션이 안 좋거나 어제는 없었던 멍이나 상처가 있는 경우 학부모와 연락하여 정확한 유아의 상태를 파악합니다.

> ▶ 아침 인사 나누기
> - ET 인사: 검지를 맞대어서 하는 인사
> - 하이파이브: 손바닥을 펴서 부딪히며 하는 인사
> - 높이 점프 인사: 교사의 손 위치까지 점프하는 인사
> - 빙빙 돌아 인사: 유아와 함께 팔짱을 끼고, 반대 손은 반짝반짝 돌리며 빙글 도는 인사

유아와 함께 가방 확인하기

각종 신청서나 동의서, 학습준비물, 약 등을 가지고 오면 유아가 스스로 꺼내서 정리할 수 있도록 바구니를 준비합니다. 학기 초나 어린 유아의 경우 습관이 되기 전까지는 교사의 도움이 필요하므로 함께 가방 정리를 하거나 세심한 확인이 필요합니다.

3월 첫 만남-교사 소개, 급식 지도

'2월은 새로 만날 아이들로 생각이 많지만, 이 두근거림이 봄보다 좋다'는 최서연 선생님의 글을 본 적이 있습니다. 이러한 설렘을 안고 맞이하는 첫 만남에서 가장 중요한 요소는 교사의 밝은 표정과 친근한 말투입니다. 뿐만 아니라 준비된 모습과 아이들을 기다렸다는 마음을 보여주는 것도 중요합니다.

첫 만남, 선생님 소개하기

선생님을 소개할 때는 단순히 말로 하기보다는 플래시를 이용한 퀴즈나 OX 퀴즈 또는 자신만의 특기를 살린 다양한 방법으로 유아에게 친근감 있게 다가가는 것이 좋습니다. 입학식 후 낯선 환경에 경직되어 있는 유아가 많다면, 소개 전 코코코 게임, 가위바위보 등 간단한 놀이로 시작하는 것도 유아의 긴장을 풀어주는 좋은 방법입니다.

그래쌤은 선생님에 대한 관심과 호기심을 유발하기 위해 스펀지 검색 플래시를 자주 활용합니다. '선생님은 □□에서 뛰어내렸다'는 문제 속 □□의 답을 찾습니다. 계단, 지붕, 책상, 의자 등 다양한 유아들의 답보다 훨씬 더 높은 곳이라고 이야기하자 '하늘'이라는 정답이 나왔습니다. 그 후 스카이다이빙 영상을 보여주었고, 집에 가서는 하늘을 나는 선생님을 만났다고 이야기했다고 합니다. 이 활동으로 유아의 관심이 모여 집중하게 되면 OX 퀴즈를 활용하여 교사가 좋아하는 것이나 잘하는 부분을 소개합니다. 퀴즈와 연결하여 손 유희, 악기연주, 노래 부르기, 마술 등 선생님의 특기를 자연스럽게 보여줄 수도 있습니다.

헬퍼나라쌤은 체인지백 마술, 숫자 마술, 매직북, 플라워완드 등 간단하지만 아이들의 마음을 쉽게 사로잡을 수 있는 마술을 사용합니다. 예를 들어, 체인지백 마술은 우리가 흔히 아는 요술 주머니입니다. 그 안에 달콤한 초콜릿을 넣어두고, 유아들에게 손을 넣어서 1개씩 직접 꺼내 보게 합니다. 유아들이 모두 초콜릿을 1개씩 가지게 되면 "너희들과 일 년 동안 ○○반에서 초콜릿처럼 달콤하고, 즐겁게 보내고 싶어", "일년 동안 너희와 즐겁고 행복한 시간을 보내고 싶구나" 등 유아를 향한 사랑을 표현하며 첫 만남을 시작합니다.

급식지도

입학식 첫날부터 급식을 하는 경우 점심시간 30분 전에 급식실에 가서 배식받는 방법, 식사하는 자리, 식기 정리 방법 등에 대해 간단히 알아보고, 연습해 봅니다. 이때는 영양 교사에게 미리 양해를 구합니다. 만 3세 유아의 경우 익숙해질 때까지 매일 급식실에 미리 가서 연습해볼 수 있게 하거나 역할 영역에서 급식실 놀이를 할 수 있습니다. 배식받는 방법, 식기를 정리하는 방법 등을 한 번에 지도하려고 하지 말고 점차적으로 지도합니다.

관계 형성 놀이

입학 첫날에는 기본생활습관이나 규칙에 대해 알아보기보다는 유아가 유치원을 재미있는 곳으로 인식할 수 있도록 관계 형성 놀이를 하면 좋습니다. 모든 유아가 함께 즐길 수 있는 대표적인 놀이인 '그대로 멈춰라'를 추천합니다. 교사가 먼저 노래만 불러주면 놀이에 대한 어떠한 설명이 없어도 즐겁게 참여하는 유아의 모습을 볼 수 있습니다. 활동편에 소개된 '즐거운 얼음땡 인사'는 동요에 맞춰 자유롭게 돌아다니며 친구들과 인사를 나눕니다. 이때 안아주기, ET 인사, 볼 인사, 손 흔들며 인사 등 다양한 방식으로 인사를 해보도록 합니다. 노래가 멈추면 움직이지 않는 얼음 상태가 되었다가 노래가 나오면 다시 인사를 나눕니다.

'오늘의 주인공을 위한 보물찾기'는 교실 곳곳에 유아 수만큼 선물(초콜릿, 팽이, 딱지 등)을 숨깁니다. 유아가 보물을 1개씩 찾아보고, 찾은 보물로 친구와 함께 놀이합니다. 첫날 놀이는 승패가 있는 게임이나 탈락하여 배제되는 놀이보다는 모두가 함께 참여하며 즐길 수 있는 활동을 계획하는 것이 좋습니다.

인사 지도

인사는 친구나 선생님을 만났을 때 반갑고 기쁜 마음을 전하는 방법입니다. 이러한 인사의 목적을 알려준 후 구체적으로 인사 방법에 대해 알아봅니다. 손을 배꼽 아래쪽에 가지런히 모으고 허리와 고개를 숙여 인사를 합니다. 선생님께서는 바르게 인사하는 방법과 동시에 잘못된 인사(허리만 숙이고 고개는 상대방을 보는 경우, 고개만 인사를 하는 경우 등)의 예를 보여줄 수 있습니다.

인사를 하는 것도 중요하지만, 상대방의 인사를 받는 것도 그만큼 중요하다는 것을 알려줍니다. 저는 항상 아이들에게 바른 인사로 최고의 인사를 받는 어린이가 되자고 격려해줍니다.

인사를 주고받는 방법을 알아본 후에는 유아가 직접 나와 연습을 해보도록 합니다. 선생님과 인사를 주고받는 연습을 할 때 개별적으로 나오거나 4~5명이 한꺼번에 나와 해볼 수 있습니다. 이후에는 등·하원 시에 바르게 인사하도록 꾸준히 지도하고 격려합니다. 인사 습관이 형성되면 4월 중에 공수인사 대회를 해볼 수도 있습니다.

인사 지도   공수인사 대회

자기 물건 정리정돈하기

등원 후 가방, 신발, 옷, 수첩 등 자신의 물건을 정리합니다. 단순히 가방을 정리하자고 지시하는 것이 아니라 정리 방법을 구체적으로 알려주면서 유아가 스스로 해보도록 기회를 제공합니다. 사물함의 위치를 알아보고, 그 구조에 따라 가방끈이 보이지 않도록 넣거나 물건을 넣고 빼기 쉽게 가방의 지퍼 부분을 앞쪽으로 하여 정리하기 등 자세하게 알려줄 수 있습니다.

또한 정리정돈을 해야 하는 이유를 생각해보는 활동으로 습관 형성에 도움을 줄 수 있습니다. 신발 던지기 놀이 후 뒤죽박죽 섞인 신발 속에서 자신의 신발을 찾아봅니다. 정리가 되었을 때와 안 됐을 때의 불편한 점을 경험하면서 신발 정리 방법을 알아봅니다.

그리고 유아가 쉽게 정리할 수 있는 환경을 만들어주는 것도 중요합니다. 옷을 정리

가방 정리하기　　　　　　뒤죽박죽 신발 정리하기　　　　　　신발 정리하기

할 때 크기가 작은 유아용 논 슬립 옷걸이를 사용하면 옷이 쉽게 흘러내리지 않습니다. 학급 인원이 많은 경우, 옷걸이에 이름표를 달아 주어 자신의 옷을 쉽게 정리하고 찾을 수 있도록 합니다. 이름표가 붙은 옷걸이를 바닥에 놓고, 그중에서 자신의 옷걸이를 찾아보는 놀이로 시작하여 단계별로 옷을 거는 방법을 알려줍니다. 바닥에 옷을 펼친 후, 옷걸이 양쪽 끝을 팔에 넣습니다. 옷의 형태에 따라 단추를 위에 1개만 잠그거나 지퍼를 올립니다. 친구의 옷과 바꿔 연습할 기회를 제공하여 다양한 형태의 옷을 정리해봅니다. 또는 유아용 스탠드형 옷걸이를 사용하면 외투의 모자만 고리에 걸면 되어 수시로 겉옷을 입고 벗을 때 편리합니다.

　개인별 연필통을 사용하는 경우 사인펜, 색연필, 가위, 풀에 각자 이름표를 붙여줍니다. 이때 풀과 사인펜은 뚜껑과 몸통에 모두 이름을 붙여 잃어버렸을 때 쉽게 찾을 수 있도록 합니다. 어린 유아는 사진이나 유아마다 캐릭터를 정해 이름표를 만들어줍니다. 입학식 후 교실에 모여 이름 스티커를 사용하는 이유에 대해 충분히 이야기를 나

내 옷걸이 찾기 놀이　　　　　　옷 정리 연습하기　　　　　　유아용 스탠드형 옷걸이

개인별 연필통

풀에 이름표 붙이기

부모님과 이름표 붙이기

눈 후 부모님과 함께 이름 스티커를 붙여볼 수 있습니다. 이름표를 붙이고 떨어지지 않도록 테이프로 한 번 더 감아주거나 시중에 판매되는 네임 스티커를 사용하면 편리합니다.

유아 수첩을 사용할 경우, 등원 시 달력을 보며 오늘 날짜에 스티커를 붙인 후 정리를 합니다. 만 3세 유아의 경우에는 어느 정도 적응이 된 2~3주에 시작해도 됩니다. 유아의 혼란을 최소화하기 위해 미리 휴일에는 선을 그어 표시를 해줍니다. 또한 유아들이 수첩을 폈을 때 해당 월이 펴지도록 나머지 종이는 수첩 안쪽 비닐에 끼워주거나 색 테이프로 표시를 해줄 수도 있습니다. 처음에는 오늘 날짜에 해당하는 숫자를 찾기 어려울 수 있습니다. 교사는 유아가 스스로 달력 속 숫자와 수첩의 숫자를 맞혀볼 수 있게 기다려주거나 힌트를 줄 수 있습니다. 또는 수첩에서 달력 면을 확대 복사하여 칠판에 적은 날짜의 숫자를 찾거나 위치를 보고 스티커를 붙여보는 놀이를 해볼 수도 있습니다.

수첩 준비하기

수첩 스티커 붙이기 놀이

환경 구성(달력)

줄서기 지도

안전한 학급운영을 위해 가장 필요한 줄서기 지도는 첫 주부터 시작합니다. 손 씻을 때, 화장실을 이용할 때, 급식실로 이동할 때, 통학버스를 탈 때, 바깥 놀이를 나가기 위해 신발을 신을 때 등 매일의 일상에서 줄서기는 필수입니다. 줄을 서기 위한 노력은 놀이를 빨리하고 싶은 아이들에게는 어려운 일입니다. 하지만 이렇게 줄을 서야 하는 이유는 나와 친구들을 배려하는 것이자 교실 속에서 일어나는 많은 사고를 미연에 방지하기 위한 공동체의 약속이기 때문입니다. 다만 교사가 강압적으로 줄을 세우는 것이 아니라 유아의 연령과 발달 수준에 적합하게 놀이로 접근하고, 주기적으로 줄서기 순서에 변화를 주는 것이 필요합니다.

두 명이 만나 가위바위보에서 진 사람이 이긴 사람 뒤에 서고, 다시 두 명씩 짝을 이룬 기차가 만나 가위바위보를 반복합니다. 그러다 보면 한 줄 기차가 완성됩니다. 충분하게 놀이를 한 후에 우리 유치원에서 한 줄 기차가 필요한 곳은 어디인지, 줄서기가 필요한 이유가 무엇인지에 대해 이야기합니다. 만 5세의 경우에는 선생님 앞에 두 줄 서기, 교실 문 앞에 한 줄 서기 등 제시하는 조건에 따라 자유롭게 줄을 서보는 놀이를 할 수 있습니다.

줄을 설 때 조심해야 할 것에 관해 사전에 충분히 이야기를 나누었는데도 갈등 상황이 계속 발생하는 경우에는 번호를 정해줄 수도 있습니다. 번호를 정하면 줄에서 자신의 위치를 인식하여 빠르고 효과적으로 줄서기가 가능하다는 장점이 있습니다. 이를 위해 자신의 번호를 기억할 수 있도록 다양한 줄서기 놀이를 해볼 수 있습니다.

줄을 설 때 가장 앞에 서는 아이는 줄의 방향과 목적지를 결정하는 교사에 반응하여 함께 움직일 수 있는 유아로 선정합니다. 이 자리는 유아들이 선호하는 자리이므로 주기적으로 교체가 필요합니다. 줄의 마지막 유아는 문을 닫거나 줄에서 이탈하는 친구들이 없도록 도움을 주기도 합니다. 마지막 자리는 아이들이 좋아하지 않는 자리이므로 역시 주기적으로 교체가 필요합니다. 교사의 민감한 도움이 필요한 유아들은 앞쪽에 배치합니다. 두 줄서기를 할 경우 서로 보완적인 역할을 할 수 있는 유아끼리 짝을

릴레이 기차놀이

안녕 친구와 기차놀이

대문 놀이

정해줄 수 있습니다. 또한 혼합 연령의 경우에는 동생이 같이 서고 싶은 형님을, 형님이 같이 서고 싶은 동생을 유아가 선택하여 함께 줄을 설 수도 있고, 교사가 짝꿍을 정해줄 수도 있습니다. 그리고 줄을 섰을 때 앞뒤에 누가 있는지 확인해보는 시간을 제공합니다.

이 외에도 자기를 소개하고 인사를 나누면서 할 수 있는 릴레이 기차놀이나 '장난감 기차가 출발합니다' 동요에 맞춰 앞, 뒤로 아이들이 운전하는 기차에 타는 놀이도 할 수 있습니다.

이처럼 다양한 줄서기 놀이를 학급의 특성에 따라 주 1~2회 진행하면 즐겁게 공동체의 질서를 익힐 수 있습니다.

관계 형성 놀이하기

유치원 선생님 알아가기

1주에는 담임선생님에 대한 소개 외에도 연령이나 재원생 비율에 따라 유치원에서 일하는 분들에 대해 알아가는 활동을 할 수 있습니다. 사진 퍼즐 맞히기, 수수께끼 속 선생님 찾기, 크립텍스를 활용한 선생님 이름 찾기 놀이 등을 통해 유치원에서 만난 선생님을 기억할 수 있게 합니다. 또한 유치원에 있는 선생님들은 어떤 일을 하시는지 알아보고 감사하는 마음을 갖도록 합니다.

| 유치원 선생님 찾기 | 선생님의 이름 찾기 | 유치원에 도움주시는 분들 퍼즐놀이 |

선생님, 친구와 관계 형성하기

대부분의 유치원에서 '유치원에서 만난 친구'라는 주제를 3월 4~5주에 진행하며 친구들과 놀이하는 시간을 제공합니다. 그러나 새로운 선생님, 친구들과의 친밀한 관계 형성을 위한 놀이는 매일 하는 것이 좋습니다. 재미있는 놀이를 통해 한바탕 웃다 보면 긴장되었던 마음도 풀릴 것입니다. 이를 위해 모든 유아가 쉽게 참여할 수 있으면서 승패가 없는 놀이를 계획하는 것이 좋습니다. 놀이 후 즐거웠던 점, 어려웠던 점에 대한 평가를 통해 안전을 강조한 놀이 원칙을 세워볼 수도 있습니다.

자유놀이 하기

자유놀이 시간에는 유아들이 주도적으로 놀이할 수 있도록 충분한 시간을 제공하며 다양하게 지원합니다.

1주에는 새로운 유치원 교실과 영역에 대한 탐색 놀이를 할 수 있습니다. 만 3세 유아는 놀이집단에 속하여 놀이하는 시간이 짧고, 어떤 놀이를 해야 하는지 몰라 앉아 있는 유아가 많습니다. 또한 놀이 과정 속 문제 상황에 대처하는 기술이 부족하여 다툼이 일어나는 경우도 있습니다. 그래서 교사와 교실에 있는 놀잇감을 이용한 재미있는 놀이를 몇 가지 해본 후 어느 정도 긴장이 풀리면 친구와 놀이할 수 있도록 대집단 활동과 자유놀이 시간의 순서를 변경할 수도 있습니다.

그리고 자유놀이 시간을 활용하여 개인별 또는 소집단으로 화장실 사용 방법, 물 먹는 방법 등 맞춤형 기본생활습관 개별지도를 할 수 있습니다.

바깥 놀이 하기

1주에는 종합 놀이기구를 바로 사용하기보다는 유아들과 약속을 정한 후 점차적으로 실시하는 것이 좋습니다. 유치원 주변을 산책하거나 무궁화 꽃이 피었습니다, 술래잡기, 달리기 등과 같이 유아들이 이미 알고 있는 익숙한 놀이를 합니다. 유치원에 바깥 놀이를 할 수 있는 다양한 공간이 있다면, 1주에는 가볍게 이 공간들을 돌아보는 것도 좋습니다.

4장

3월 2주: 유치원에서의 환경

3월 2주가 되면 유치원에서 지켜야 할 약속을 구체적으로 알아봅니다. 이때 만 3세 유아는 재미있는 놀이를 통해 가장 쉬운 약속부터 단계적으로 알려주고, 만 5세 유아는 스스로 규칙의 필요성을 인식하고 지킬 수 있도록 도와줍니다. 또한 유치원이 즐거운 곳이라는 인식과 더불어 적응을 도울 수 있도록 안전하고 수용적인 분위기를 조성합니다.

- 주제는 '유치원에서의 환경', '스스로 할 수 있어요' 등으로 재구성할 수 있습니다.
- '건강한 몸과 마음−깨끗한 몸과 마음' 주제와 통합하여 내 몸을 깨끗이 하는 습관을 기르는 놀이를 함께 계획합니다.
- 연령과 수준에 맞게 소주제를 화장실, 양치질, 손 씻기, 옷 · 신발 · 가방 정리 등 구체적으로 계획하여 운영합니다.
- 인사, 줄서기, 내 물건 정리정돈 등 1주에 배운 내용을 다른 형태의 놀이로 접근하거나 개별적으로 지도합니다.
- 주간교육계획안에 많은 내용을 계획하기보다는 시간적인 여유를 충분히 가질 수 있도록 합니다.

유아와 함께 공동 약속 정하기

유치원이 즐겁고 안전한 공간이 되기 위해서는 공동규칙의 필요성을 알고 이를 지키기 위해 노력함으로써 사고를 예방하는 것이 가장 효과적입니다. 3월 1주 차에 선생님과 함께할 수 있는 일 년의 활동을 소개하면서 놀이를 하기 위해 지켜야 할 약속에 관해 이야기할 수 있습니다. 이때는 구체적인 약속을 정하기보다는 위험한 행동은 무엇인지 알아보고 이러한 행동을 조심했을 때 더욱 즐겁고 안전한 유치원에서 생활할 수 있다는 것을 알려주도록 합니다.

우리 반 약속 정하기　　　　다짐의 의미로 손도장 찍기　　　　약속 함께 읽어보기

3월 2주에는 교실을 함께 돌아보며 스스로 필요한 약속을 찾아보고 함께 약속을 만들어봅니다. 만 3세 유아는 유치원에 적응하는 시간을 더 가진 후에 활동을 계획하는 것이 좋습니다. 다만, 만 5세의 경우에는 약속판을 스스로 만들어 소개할 수 있고, 만 3세는 다양한 사진 중에서 우리 반에 가장 필요한 약속을 선택하고 함께 이야기 나누어 볼 수 있습니다. 이때 문제 행동 대신에 유아가 해야 할 행동을 긍정적인 문장으로 표현하는 것이 바람직합니다. 예를 들어 '교실에서는 뛰지 않아요' 보다는 '교실에서는 걸어 다녀요'로 표현할 수 있습니다.

또한 교사와 유아가 기억하기 쉽게 약속은 5개가 넘지 않는 것이 좋습니다. 만 3세의 경우에는 1~2개로 만들도록 합니다. 약속이 정해지면 잘 지키겠다는 다짐과 잘 지키기로 약속했다는 의미로 나만의 사인과 손도장을 찍을 수 있습니다. 2주 차에는 1일

1회씩 규칙을 함께 읽어보며 상기시키는 시간을 갖습니다. 이때 교사가 먼저 읽고 유아가 따라 하다가 익숙해지면 꼬마 선생님을 정해 읽어보는 등 다양한 방법을 사용합니다. 약속이 잘 지켜지지 않는 경우에는 대집단 시간에 함께 이야기를 나눠보거나 친구들에게 친절하게 약속을 이야기해줄 수 있도록 연습을 할 수도 있습니다. 또한 잘 지켜지는 약속은 삭제하고, 새로운 약속은 추가할 수 있습니다.

안전하고 깨끗한 화장실 환경 구성하기

유치원 화장실은 공간이 협소하나 많은 유아가 자주 사용하는 곳이므로 안전과 효율성, 위생적인 부분을 충분히 고려해야 합니다.

- 안전을 위해 접이식 문일 경우 손 끼임 방지 스티커를 부착하여 사고를 예방하고, 미끄럼 방지 스티커, 온수조절장치 등을 설치할 수 있습니다.
- 세제나 유해물질은 별도 공간에 비치하여 유아의 손이 닿지 않도록 합니다.
- 매번 실내화를 신고 정리하는 번거로움을 줄이고, 양말이 젖는 것을 방지하기 위해 화장실 입구에서 세면대까지 매트를 설치할 수도 있습니다.
- 어린 유아의 경우 세면대 앞에 이동식 발판을 마련하여 높낮이를 조정할 수 있습니다.
- 실내화를 깔끔하게 정리할 수 있는 정리장과 세면대에서 물 튐으로 인해 옷이 젖는 것을 방지하기 위한 싱크대 물막이를 준비할 수 있습니다.
- 수건보다는 위생을 고려하여 종이타올을 사용하도록 하고, 수건을 활용 시에는 자주 교체하여 항상 깨끗한 상태를 유지합니다.
- 손 씻기나 배변훈련을 위한 방법을 그림이나 사진을 부착하여 환경을 구성할 수 있습니다.

배변 지도

유아가 배변하는 습관을 기르고, 올바른 화장실 사용 방법을 익히도록 다양한 놀이 활동을 계획해야 합니다. 유아에게 '화장실 다녀오세요'라고 말하면 정말 화장실 앞에만 갔다 옵니다. 연령이 어릴수록 최대한 구체적으로 '화장실에 가서 쉬하고, 손 씻고 오세요'라고 이야기해주어야 합니다.

만 3세는 1주부터 개별 또는 소그룹으로 교사와 함께 화장실로 직접 이동하면서 위치와 사용 방법을 알아봅니다. 누리과정에 제시된 '응가를 했어요' 동화를 통해 화장실에 가고 싶을 때 도움을 요청하는 방법과 위치와 사용 방법 등을 구체적으로 알아볼 수 있습니다. 여자와 남자가 사용하는 변기가 다름을 알고, 집에 있는 화장실과 다른 점을 함께 이야기 나눠보며 낯선 유치원 화장실에 익숙해지도록 돕습니다. 그래도 화장실에 가기 어려워하는 유아는 교사가 동행하여 안정감을 느낄 수 있도록 지원합니다. 또한 유아는 놀이에 몰입하면 화장실에 가는 것을 잊어버리거나 참아서 실수하는 경우가 많으므로 화장실에 가는 기회를 의도적으로 자주 제공해주어야 합니다. 혹시 실수를 하더라도 따뜻한 말과 행동으로 감싸며 누구든지 실수할 수 있음을 알려주고, 여벌 옷으로 갈아입힙니다.

만 4세는 구체적인 화장실 사용 절차와 방법에 대해 알고 직접 해봄으로써 습관화할 수 있게 도와주어야 합니다. 미숙하더라도 스스로 해보는 기회를 제공하고, 뒤처리가 잘 되었는지 확인하며 도와줍니다. 화장실에서 직접 사용 방법을 알아보는 것이 효과적이지만, 안전사고의 위험이 있으므로 교실에서 역할놀이를 할 수 있습니다. 화장실 입구, 실내화, 문, 변기 역할 의자, 화장지, 쓰레기통, 세면대, 종이타올 등 화장실과 유사한 환경을 만들어 역할놀이의 몰입도를 높일 수 있습니다. 역할놀이에서는 줄 서기, 노크하기, 화장실 안에 노크 소리를 들었을 때 대처법, 휴지 사용법, 용변 뒤처리 스스로 하기, 물 내리기, 손 깨끗이 씻기, 실내화 정리하기 등 화장실에서 해야 할 일을 놀이로 풀어봅니다. 이때 화장지를 나무로 만든다는 사실을 알려주고, 아껴 쓰는 습관을 기르도록 휴지 사용법도 꼼꼼히 알아봅니다. 만 3, 4세는 화장지를 약 4(~6)칸 정도 직접 뜯어 접어서 사용하는 방법을 자유선택시간을 활용해 개별적으로 연습해보는 것이 좋습니다. 화장지 1칸에 대한 개념을 알려주기 위해 화장지 칸마다 뚜렷한 점선 표시와 숫자를 써넣은 시각 자료를 활용할 수도 있습니다.

화장지 4칸 시각자료

화장지 사용법 알아보기

화장실 역할놀이

만 5세는 규칙적인 배변 습관을 기르도록 하고 스스로 바르게 처리하도록 격려합니다. 화장실 사용법이 어느 정도 익숙해진다면 화장실 사용 예절에 관해 꼼꼼하게 알아봅니다. 이와 관련하여 OX 퀴즈를 할 수 있습니다.

양치질 지도

유아들이 양치질을 할 수 있지만, 제대로 알려주지 않으면 대충 치약만 먹고 끝내버리는 경우가 많습니다. 모든 기본생활습관이 그러하듯 3월에 시간이 좀 걸리더라도 올바른 양치질 방법이 습관화되도록 지도합니다.

세균이 많은 칫솔로 양치를 하면 입속 세균이 더 늘어나 치아를 부식시킬 뿐 아니라 충치나 잇몸병을 유발할 수 있으므로 적절한 시기에 교체합니다. 교체 후에는 자기 칫솔을 찾아보는 활동을 통해 친구의 칫솔과 바꾸어 양치질하지 않도록 합니다. 양치 컵 역시 유아의 이름을 표기해주고, 매일 세척하여 깨끗하게 사용할 수 있도록 합니다. 칫솔을 한곳에 보관할 경우 칫솔끼리 세균이 옮겨 갈 수 있으므로 교체할 때는 동시에 바꿔주고, 살균 소독기를 사용하는 것을 추천합니다.

교사는 유아들의 칫솔 마모 상태와 청결도를 점검하여 칫솔질이 바르지 않는 유아를 개별적으로 지도합니다. 또한 충치를 일으키는 무탄스균은 식후 3분 동안 가장 왕성하게 활동하므로 하루 3번 아침, 점심, 저녁을 먹은 후 3분 이내에 3분 동안 정성스럽게 이를 닦을 수 있도록 지도합니다.

이에 낀 과자 찾기

구석구석 이 닦기

뷰박스

유아가 즐겁게 양치하는 습관을 가지게 하기 위해서는 강압적으로 시키지 않고, 다양한 놀이로 접근하여 꾸준히 지도합니다. 맛있는 초콜릿 과자를 먹은 후 이에 낀 과자를 관찰하며 양치질의 필요성과 방법에 대해 알아볼 수 있습니다. 또는 페트병으로 만든 치아 모형을 제시하여 살짝 파여 있는 어금니에 음식이 잘 낄 수 있음을 관찰할 수 있도록 합니다. 그 후 1~2번 대충하는 칫솔질로는 깨끗하게 닦이지 않음을 알고 꼼꼼하게 양치질할 수 있도록 지도합니다. 이 외에도 '치카치카 이를 닦자' 동요, '양치 대장 이' 동시 자료를 활용할 수 있습니다.

손 씻기 지도

학급에서 손을 씻기 귀찮아 안 씻거나 대충 하는 유아, 손가락을 빠는 습관이 있는 유아를 흔히 볼 수 있습니다. 많은 질병의 원인이 되는 세균이 손을 통해서 전염되지

만, 눈에 보이지 않기 때문에 대부분의 유아는 손 씻기의 중요성에 대해 인지하지 못합니다. 감기에 걸린 사람이 만진 물건을 다른 사람이 만지고, 그 손에 의해 코나 입으로 감기 바이러스가 침투할 수 있습니다.

이러한 세균의 움직임을 유아들의 눈높이에 맞게 안내하기 위해 밀가루를 통한 실험을 할 수 있습니다. 밀가루를 눈에 보이는 세균이라고 소개합니다. 밀가루가 묻은 손으로 친구의 손을 잡아보거나 장난감, 문손잡이 등을 만졌을 때 가루의 이동을 눈으로 확인할 수 있습니다. 보이지 않았던 세균이 손을 통해 옮겨 다니는 모습을 통해 손 씻기의 중요성을 알 수 있습니다. 또는 지역 보건소에 세균을 볼 수 있는 뷰박스가 있는 경우 대여하여 수업에 활용할 수 있습니다.

이렇게 질병의 원인이 되는 세균은 손 씻기를 통해 충분히 예방할 수 있음을 상기시키며 외출하고 돌아온 경우, 식사 전, 기침 후, 용변 후 등 손을 씻어야 하는 상황에 대한 이야기 나누기와 수 · 조작 활동, 손 씻기 송 등을 지도합니다.

손을 씻는 것도 중요하지만, 바르게 실천할 수 있도록 교사의 끊임없는 관찰과 지도가 필요합니다. 만 3세는 손을 씻을 때 자주 손 씻기 6단계에 대해 알려주고, 교사가 적절히 도움을 제공합니다. 만 4, 5세는 바르게 손 씻는 방법에 관한 그림 자료를 세면대에 게시하여 유아가 스스로 손을 씻도록 격려합니다. 그리고 손 씻기 6단계 홍보 동영상을 유아들과 함께 만들어 가정에 공유하고 함께 지도해나갈 수 있습니다.

5장

3월 3주: 즐거운 자유놀이

자유놀이는 유아가 유치원 실내 · 외에 있는 풍부한 환경에서 자신의 욕구와 흥미에 따라 자유롭게 활동을 계획하고 놀이하고 평가해보는 시간입니다. 유아가 가장 편안한 분위기에서 즐겁게 놀이할 수 있는 시간이며, 자발적인 배움이 많이 일어나는 시간이기도 합니다.

2019 개정 누리과정에서는 유아가 놀이에 자유롭게 참여하여 즐기도록 '자유선택놀이'를 '자유놀이'로 변경하여 강조하고 있습니다. 중요한 것은 어떤 이름으로 불리느냐가 아니라 유아가 자신의 흥미와 욕구에 따라 충분하게 놀이할 수 있는 시간이 주어져야 한다는 것입니다.

3월 1~2주는 새로운 교실과 선생님, 친구들에 적응하기 위한 관계 형성에 중점을 두고, 교실에 있는 다양한 놀잇감을 가지고 자유롭게 놀이할 수 있습니다. 이때 교사는 유아의 발달 특성이나 놀이하는 방법과 수준을 중심으로 관찰하고 기록해둡니다. 3주에는 교실에 있는 여러 놀이 공간에 관해 자세히 알아보며 충분히 탐색하는 시간을 갖습니다. 만 5세 유아는 놀이 공간에 대한 탐색 없어도 다양한 놀이에 몰입해서 놀이한다면 생략해도 좋습니다. 그러나 만 3세 유아는 다양한 놀잇감이 있어도 새로운 것에 대한 두려움으로 어려워할 수 있으니 교사와 함께 놀이하는 경험이 필요합니다. 이때는 도구나 놀잇감의 안전한 사용법에 관해서도 함께 알아보는 시간을 갖습니다.

- 생활주제 '건강과 안전-안전한 놀이와 생활', '생활도구'와 통합하여 영역별 놀잇감과 도구를 바르게 사용하는 방법을 알아볼 수 있습니다.
- 놀이에 대한 평가는 어떤 놀이를 했는지, 그때의 기분이 어땠는지, 혹시 더 필요한 것들 있는지에 관해 이야기하며 놀이를 확장시켜 줍니다.
- 교사는 유아와 함께 놀이에 참여하여 조력자의 역할을 하거나 놀이를 관찰하며 발달과정을 기록하는 관찰자 역할을 합니다.
- 교실에 있는 놀이 공간에 어떤 놀잇감이 있는지 탐색하고, 분류하는 활동은 정리정돈 습관을 기르는 데 도움이 됩니다.
- 기본생활습관 중 잘 이루어지지 않은 부분을 파악하여 다른 유형의 놀이로 지속해서 지도합니다.

자유놀이를 위한 '풍부한 환경 구성'

유아의 의견을 반영한 놀이 공간 구성하기

대부분의 유치원 교실에는 쌓기 영역, 역할 영역, 수·조작 영역, 과학 영역, 미술 영역, 언어 영역 등이 있습니다. 그러나 이 영역들의 이름과 구분은 정해진 것이 아니며 유아의 즐거운 놀이를 위해 지원해주는 환경입니다. 개정된 누리과정(안)에서도 이러한 흥미 영역의 환경 구성이 유아의 자유로운 놀이를 제한할 수 있다고 하여 풍부한 환경 구성이라고 하고 있습니다.

이렇듯 놀이 공간은 유아의 필요나 요구에 의해 변화가 가능합니다. 유치원에서 유아의 자발적인 놀이를 강조하는 흐름에 따라 '팽이놀이방'과 같이 유아들이 원하는 놀이 공간을 추가해주기도 하며 이름도 유아들과 함께 정할 수도 있습니다. 학기 초에는 유아들이 교실에 있는 다양한 놀이 공간에서 흥미 있는 놀잇감을 선택해 즐겁게 놀

수 있도록 지원해주도록 합니다. 또한 유아의 의견이 하나로 모인다면 교실 전체를 하나의 놀이의 장으로 이용해 같이 놀이할 수도 있습니다.

놀이 공간 배치

교실에 있는 각각의 놀이 공간은 독립성을 보장하면서 서로 연계될 수 있도록 배치하여야 합니다. 유아는 한 종류의 놀잇감을 이용하여 놀이를 하다가 필요에 따라 다른 놀잇감을 추가하여 놀이를 확장해가기도 합니다. 예를 들면, 블록으로 식탁을 만들고, 음식을 가지고 와서 식당 놀이로 연계합니다. 따라서 각 놀이 공간은 칸막이를 최소화하고, 최대한 개방된 공간으로 구성하여 유아가 쉽게 이동하고 통합하여 놀이할 수 있도록 합니다.

교실 중앙 공간은 넓게 제공하여 친구들과 함께 놀이하거나 보다 큰 구성물을 만드는 놀이의 장으로 활용할 수 있습니다. 미술놀이를 하는 공간은 물 가까운 곳에, 책을 보거나 쉬는 공간은 햇볕이 잘 드는 곳에 있으면 좋지만 그렇지 못할 때도 있습니다. 교실 상황에 따라 안전하고 편안하게 놀이할 수 있도록 융통성 있게 구성해주도록 합니다. 또한 놀이 공간은 분기나 학기별로 재구성하여 유아가 다양한 변화를 느끼며 놀이를 할 수 있도록 합니다.

교구장의 높이

놀잇감을 보관하거나 칸막이로 사용하는 교구장은 연령별로 높이를 달리하는 것이 좋습니다. 만 3세 유아의 경우에는 만 5세 유아보다 낮은 교구장을 제공해주어 유아의 눈높이에서 쉽게 놀잇감을 꺼내고, 정리할 수 있도록 합니다. 교실 앞쪽에서 뒤로 갈수록 높은 물건을 배치해 교사가 교실 앞에서 교실 전체를 관찰할 수 있도록 합니다.

놀이 공간을 알려주는 표시판

교실에 있는 각 놀이 공간을 그림 등으로 표시판을 만들어 알려 줄 수 있습니다. 자유놀이 영역판을 제작하거나 구입하여 각 놀이 공간의 입구에 붙이거나 세워서 사용

놀이 공간을 알려주는 표시판

합니다. 풍부한 환경을 조성함에 있어서 다양한 놀잇감을 제공하고 이를 보다 쉽게 사용할 수 있도록 놀이 공간에 대한 분리를 최소화하면 좋습니다. 또한 유아와 함께 놀이 공간의 이름을 정해보고, 각 놀이 공간을 나타낼 수 있는 놀잇감을 직접 그려 표시판으로 사용할 수 있습니다.

자유놀이 이름표

유아는 교실 한 공간에서 한 가지 놀잇감으로 놀이하기도 하고, 점차 놀이에 몰입하면서 공간을 넓히거나 놀잇감을 추가하면서 놀이를 확장해 나가기도 합니다. 최근 유아의 자율성을 보장하면서 놀이를 방해하지 않도록 자유놀이 시 이름표를 사용하지 않는 유치원도 있습니다. 유아 중심의 놀이를 위해 이름표가 꼭 필요한지 생각해보고, 자신의 학급에 맞춰 사용하시기 바랍니다.

캐릭터 이름표   나무 이름표   병뚜껑 사진 이름표

교구장과 바구니 준비하기

교구장에는 적절한 크기의 바구니를 준비하여 놀잇감을 정리합니다. 또한 같은 색상의 바구니를 사용하면, 교실이 깔끔해 보이는 시각적 효과를 얻을 수 있습니다. 바구니에는 교구 이름을 적어 유아가 자연스럽게 놀잇감 이름을 익히며, 쉽게 정리정돈 할 수 있도록 합니다. 특히 만 3세 유아는 놀잇감을 어디에 정리해야 하는지 모르는 경우가 많으므로 교구장과 바구니 앞에 놀잇감 사진과 이름을 붙여주는 것이 좋습니다.

교구장에 놀잇감 사진 부착

바구니에 이름표 부착

정리된 모습

자유놀이 영역 탐색-계획-놀이-평가하기

새로운 놀잇감 소개하기

생활주제가 바뀌거나 유아의 흥미 변화로 놀잇감이 교체된 경우 놀이 방법을 소개하는 시간을 갖습니다. 자유놀이 시간 전 대집단으로 설명하거나 교사가 영역을 돌아다니며 소집단으로 놀이에 대해 알려줄 수 있습니다.

놀이 탐색하기

교사는 유아에게 오늘은 어떤 놀이를 하고 싶은지, 어떤 놀잇감을 가지고 놀고 싶은지 물으며 교실을 둘러보도록 합니다. 놀이에 익숙한 만 5세 유아는 이 과정을 생략하고, 계획을 할 수도 있으나 만 3세 유아는 대집단 혹은 소집단 별로 교실을 둘러보며 놀이를 탐색하는 시간을 갖습니다. 만 3세 역시 놀이에 익숙해지는 시기에는 탐색하는 시간을 줄이거나 생략할 수 있습니다.

놀이 계획하기

유아가 무슨 놀이를 하고 싶은지 고민해보는 시간입니다. 혼자 또는 친구와 함께 계획할 수도 있습니다. 놀이 계획은 말로 표현할 수 있고, 때에 따라서는 혼자 만의 계획을 마음속에 세우고 바로 놀이를 할 수있습니다. 계획 단계에서 중요한 것은 유아 스스로 자신이 하고 싶은 놀이를 알고, 놀이에 필요한 놀잇감을 선택하는 것입니다.

만 3세 유아는 소그룹별로 유아가 좋아하는 놀잇감이 무엇인지, 어떤 놀이를 하고 싶은지 상호작용해 보거나 교사가 제시한 놀이를 할 수 있습니다. 만 4, 5세 유아는 원하는 놀이를 선택할 수 있도록 합니다.

Q&A ● ● ●

Q. 자유놀이 시간은 약 1시간인데 놀잇감 소개, 탐색, 계획까지 하면 시간이 너무 부족한 것 아닌가요?

A. 자유놀이 시간의 핵심은 유아가 선택한 놀이를 충분히 하는 것이므로 탐색과 계획의 과정 또한 놀이에 속합니다. 이러한 과정은 자신의 흥미를 반영한 자발적인 놀이 참여로 이어지기 때문에 중요합니다. 3월에는 자유놀이 시간을 1시간 이상으로 계획하여 탐색이 충분히 이루어질 수 있도록 합니다. 이러한 과정을 반복하다 보면 점차 짧은 시간 안에 놀이를 계획하여 참여할 수 있습니다.

Q. 매일 같은 놀잇감을 사용해 놀이를 하는 유아는 어떻게 해야 하나요?

A. 매일 같은 놀잇감과 같은 놀이 공간에서 놀이하는 유아일지라도 매일 같은 놀이를 하지 않습니다. 놀이하는 방법이 다르고, 함께 놀이하는 유아도 바뀝니다. 유아는 해당 놀잇감이나 놀이 공간에 가장 흥미를 느끼며 자신이 재미있게 놀 수 있는 곳이기 때문에 매일 선택하는 것입니다. 이때 교사는 매일 같은 놀잇감이나 놀이 공간을 계획하지

못하게 하는 것보다 유아의 놀이를 관찰하여 흥미를 확장해나갈 수 있도록 지원하는 것이 필요합니다.

Q. 만 3세 유아 중 어떤 놀이를 해야 하는지 몰라 교사만 바라보고 있다면 어떻게 해야 할까요?

A. 만 3세 유아는 유치원, 교실, 선생님, 친구들까지도 낯섭니다. 이때는 교사와 교실을 돌아보며 놀고 싶은 곳을 이야기하여 함께 놀이를 해볼 수 있습니다. 또는 매일 놀이 공간을 정해 한 공간씩 돌아가며 함께 놀아보는 경험을 제공합니다.

놀이하기

유아들이 계획한 놀이에 집중하는 시간입니다. 교사는 유아의 놀이를 관찰하여 적절한 도움을 제공합니다. 놀이 참여자가 되어 함께 놀이를 할 수 있고, 놀이 지원자가 되어 유아들에게 필요한 자료를 추가해줄 수도 있습니다. 또한 유아가 몰입하고 놀이를 확장하기 위해서는 1시간 이상 진행될 수 있도록 합니다. 놀이 과정에서 유아를 관찰하고 발달과정을 기록하여 교육과정 운영과 학부모 상담 시에 활용할 수 있습니다.

놀이 평가하기

평가를 통해 유아의 놀이에 대한 느낌 또는 감정을 공유하도록 합니다. 특히 유아들은 이 시간에 자신이 만든 작품이나 구조물을 친구들 앞에서 소개하는 것을 정말 좋아합니다. 작은 작품은 정리를 마치고 소개할 수 있지만, 큰 작품이나 구조물은 정리하지 않고 별도의 공간이나 해당 영역에 그대로 두고 소개한 후 정리할 수 있도록 합니다.

평가 시간에는 놀이를 통해 새롭게 알게 된 것들이 있는지, 계획대로 놀이를 했는지, 그렇지 못했다면 이유가 무엇인지, 어떤 친구와 놀이를 했는지, 놀이가 어떤 과정으로 변했는지, 놀이를 하고 난 후 기분이 어떠한지 등을 평가합니다.

놀이 과정 중에 발생한 문제가 있다면, 유아와 함께 해결 방법을 찾을 수 있습니다.

Q. 자유놀이 시간에 만든 미술 작품이나 블록으로 만든 구조물 등을 전시하고 싶어 할 때는 어떻게 해야 할까요?

A. 교실 한쪽에 유아의 작품을 전시할 수 있는 공간을 마련해두면 좋습니다. 유아는 작품을 만든 즉시에는 자신의 작품을 전시하고자 하지만 시간이 지나거나 다른 작품을 만들면 그 전 작품에 대해서는 흥미를 잃어갑니다. 유아가 흥미를 잃으면 전시했던 작품을 정리할 수도 있고, 많은 유아가 전시하고자 한다면 전시 기간에 대한 약속을 정할 수도 있습니다. 별도의 공간이 없다면, 교구장 위를 활용하여 우리 반만의 작은 미술관처럼 활용할 수 있습니다.

도구 안전하게 사용하기

생활주제 '생활도구'와 통합하여 미술도구의 안전한 사용법을 지도할 수 있습니다. 가위와 풀은 활동편에 제시된 친구 머리카락 꾸미기나 신문지 뱀 만들기 등 다양한 미술 활동을 하면서 바른 사용법을 알려줄 수 있습니다.

가위는 엄지와 중지를 손잡이에 끼우고 검지로 받칩니다. 가위는 손에 쥔 채 종이를 움직이면서 자르고, 가위를 들고 돌아다니면서 사용하지 않도록 합니다. 가위를 전달할 때는 날카로운 부분을 잡고 상대방에게 전달하도록 합니다.

풀을 사용할 때는 바닥에 이면지 등을 대고 사용하고 종이의 가장자리를 꼼꼼하게 풀칠해볼 수 있도록 시범을 보여줍니다. 풀 뚜껑을 제대로 닫지 않으면 말라서 쓸 수 없게 되므로 사용 후에는 바로 뚜껑을 닫도록 합니다. 연령에 따라 풀 뚜껑에도 사진이나 이름 스티커를 붙여 쉽게 정리할 수 있도록 합니다. 유아들은 아직 풀 사용에 익숙하지 않기 때문에 말라서 버리는 경우가 많이 있습니다. 풀은 가능한 한 20g의 가장 작은 용량을 사용하는 것이 좋습니다.

6장

3월 4주: 유치원에서의 하루

　4주가 되면 아침마다 울던 만 3세 유아도 울음을 멈추고 유치원에 오기 시작합니다. 날마다 긴장했던 교사들도 조금이나마 여유를 가지고 유아들을 맞이합니다. 유치원에서는 등원에서 하원하기까지 다양한 활동이 이루어집니다. 4주에는 등원, 자유놀이, 대 · 소집단 활동, 점심, 낮잠과 휴식, 바깥 놀이 등 하루 일과의 흐름과 순서를 파악하도록 하여 유아에게 안정감과 기대감을 심어줄 수 있습니다. 또한 하루 일과 중 지켜야 할 약속을 세세하게 알아봅니다. 이야기 나누기와 같이 함께 모이거나 집단 활동을 할 때 지켜야 하는 약속, 간식 및 점심시간에 지켜야 하는 약속, 바깥놀이터에서 지켜야 하는 약속, 등 · 하원 안전에 관한 약속을 유아와 함께 정해볼 수 있습니다.

- 생활주제 '건강과 안전−안전한 생활과 놀이'와 통합하여 등 · 하원 및 바깥 놀이 안전 등에 대해 알아보고 안전한 습관을 기를 수 있도록 돕습니다.
- 생활주제 '건강과 안전−맛있는 음식과 영양'과 통합하여 간식 및 급식시간에 지켜야 할 약속에 대해 이야기하며 바른 식습관에 대해 지도합니다.
- 유아가 자유놀이 시간에 즐겁게 노는지 살펴보고, 4주에는 정리정돈을 중심으로 지도합니다.

하루 일과 알아보기

맞벌이 가정이 늘어나면서 유아는 하루 대부분의 시간을 유치원에서 보냅니다. 8시에 등원해서 늦으면 17~19시까지 유치원에 머물게 되는 유아들에게 유치원은 최대한 편안하고, 안정감을 느낄 수 있는 공간이 되어야 합니다. 그렇기 위해서는 유아가 하루 일과의 흐름과 순서를 파악하여 마음속으로 준비할 수 있는 시간과 기대감을 갖도록 합니다.

하루 일과가 시작되기 전 오늘의 일과에 대해 이야기 나누는 시간을 갖습니다. 비밀주머니에 하루 일과에 관련된 그림이나 사진을 넣어두고 꺼내 보거나 하루 일과 사진을 칠판에 순서대로 붙여볼 수도 있습니다. 교실 환경판에 하루 일과표를 붙여 유아스스로 확인할 수도 있습니다. 점차 하루 일과에 익숙해지면, 유아가 주도권을 가지고 하루 일과를 계획해볼 수 있도록 할 수 있습니다.

너무 빡빡한 하루 일과보다 연령이나 발달 수준에 따라 유연하게 계획하여 다양한 놀이를 즐길 수 있도록 하는 것이 필요합니다. 또한 하나의 활동이 끝나고 다른 활동이 시작되기 전인 전이시간에는 교사와 함께하는 짬 놀이 등을 계획하여 유아의 긴장감을 풀어줄 수 있습니다. 전이시간에 할 수 있는 다양한 놀이는 활동편 3월 5주의 놀이를 활용하면 됩니다.

놀이주머니를 통한 하루 일과 소개

교실 칠판에 붙은 하루 일과표

교실에 게시된 하루 일과표

함께 모이는 시간에 지켜야 할 약속 정하기

함께 모이는 시간에는 교실 가운데 놓인 카펫에 여러 줄로 모여 앉을 수 있고, 때로는 반원의 대형으로 앉을 수 있습니다. 교사가 유아들에게 짧은 시간 전달해야 할 내용이 있을 경우 여러 줄로 교사를 향해 모여 앉은 대형이 가장 효과적입니다. 그러나 '시장에 가면 무엇이 있나?' 등과 같은 놀이 활동에는 반원의 형태가 더 적절할 수도 있습니다. 한 가지 대형으로만 앉기보다는 활동의 형태나 방법에 따라 다양한 대형으로 유아의 자리에 변화를 주도록 합니다.

유아는 발달 특성상 한자리에 앉아서 오랜 시간 집중하기가 어렵습니다. 특히 만 3세의 경우는 10분도 채 앉아있기 어렵습니다. 유아 발달 특성을 있는 그대로 받아들이되, 놀이를 통해 함께 모이는 시간에 지켜야 할 약속을 알고, 교사와 친구의 이야기를 들어주는 태도를 기를 수 있도록 합니다. 이러한 배려 행동은 유아의 인성 발달에 영향을 줍니다. 이를 위해 이야기 나누기 시간이나 집단 활동 등 함께 모여 활동하는 모습이 담긴 사진이나 동영상을 촬영하여 스스로 자신의 모습을 볼 수 있도록 합니다. 가장 예쁜 모습으로 친구와 선생님의 이야기를 잘 들어주는 친구가 누구인지 스티커나 포스트잇을 붙여 찾아보도록 합니다. 선택한 친구가 '왜 예쁜 모습인지'에 대해 이야기를 하며 유아 스스로 함께 모일 때의 바른 모습에 대해 알 수 있습니다. 또한 하고 싶은 이야기가 있을 때는 손을 들고 차례를 기다리도록 하고, 함께 모여 있는 시간에는 일어서서 돌아다니지 않도록 이야기합니다.

또한 다른 유아나 교사의 이야기를 잘 듣도록 하기 위해서는 간단한 손 유희나 신호 등을 사용할 수 있습니다. '○○의 이야기를 들어주세요' 하면서 발표하는 유아 쪽으로 몸을 틀어 바라보게 할 수 있습니다. 흔히 하는 박수에는 구호를 붙여 집중 효과를 높일 수 있습니다. 교사가 '박수 3번 시작'이라고 하면, 박수 3번 칠 때 '사·랑·해'를 외치고 마지막에 검지를 입에 대며 '쉿!'을 붙입니다. 2번으로 줄이면 '사·랑, 쉿!' 등 다양한 방법으로 구호를 바꿔가며 사용할 수 있습니다.

교사가 유아에게 질문을 했다면 바로 대답을 요구하기보다 생각하는 시간을 주는 것이 좋습니다. 그럴 때는 '생각하는 시간 뾰로롱'을 외치며 오른손 검지만 펴서 오른쪽 이마에 붙이고 왼손으로는 오른손 팔꿈치를 잡는 신호를 사용합니다. 생각이 끝난 유아는 손을 들고, 시간이 더 필요한 유아는 생각하는 손을 하고 있습니다. 모든 질문에 사용하기보다는 유아가 충분히 생각을 해야 하는 때 적절히 활용합니다.

목소리 크기를 조절해야 할 경우 교사가 중간에 끼어들기보다는 손으로 신호를 줄 수 있습니다. 손바닥을 가깝게 마주 대면 소리를 줄이고, 멀리하면 소리를 키우는 신호를 미리 알려주고 지도합니다.

박수 신호

생각하는 시간 신호

목소리 크기 조절 신호

정리정돈 지도

자기중심적인 유아들은 놀잇감을 발견하면 하던 것을 그 자리에 놓고 다른 곳으로 이동하거나 돌아다니다가 아무 곳에 놔두기도 합니다. 원래 유아들은 정리정돈을 잘하기 어렵기 때문에 마음의 여유를 가지고 지도하시기 바랍니다.

첫째, 정리정돈을 지도할 때는 이야기 나누기가 효과적이지만, 그 효과를 극대화하기 위해 다양한 놀이를 활용해야 합니다. 예를 들어, 활동편에 제시된 '지니의 정리 가방'은 교실에 유아들이 정리하지 않은 놀잇감을 캐리어나 가방에 모두 넣습니다. 가방 속에 정리가 안 된 놀잇감의 기분을 알아보며 정리의 필요성을 알아볼 수 있습니다. 이 활동 하나로 금방 정리를 잘하는 것은 아닙니다. 이러한 놀이 후 이야기 나누기를 통해 왜 정리정돈이 필요하고, 어떻게 해야 하는지에 대해 지속해서 알려주어야 합니다. 그러나 정리정돈을 강조한 나머지 이야기 나누기가 길어진다면, 유아들은 잔소리처럼 느낄 수 있으니 꼭 필요한 내용만 간단하게 전달합니다. 예를 들어, 영역 이동 시 정리가 잘 되지 않아 불편함이 있다면 그 부분만 짧게 이야기합니다.

둘째, 정리정돈에 많은 시간이 필요한 놀이 공간은 5~10분 전에 미리 알려주어 놀이를 마무리 지을 수 있도록 합니다. 유아가 만든 구조물이나 작품을 오후에도 이어서 만들고 싶은 경우에는 상황에 따라 보존을 허용할 수 있습니다.

셋째, 유아가 정리정돈 자체를 놀이로 인식할 수 있도록 합니다. 팀 대항 게임으로 정리를 하거나 타이머를 활용할 수 있습니다.

넷째, 교구장과 놀잇감 바구니에 사진과 이름을 붙여 유아가 쉽게 정리할 수 있는 환경을 만들어줍니다.

다섯째, 정리정돈을 잘하는 친구를 격려합니다. 가장 쉬운 방법이지만, 놓치기 쉬운 방법이기도 합니다. 정리정돈을 잘하는 친구를 격려하며 '슈퍼패스'를 줄 수 있습니다. '슈퍼패스'는 놀이 공간에 있는 놀잇감을 사용하는 데 경쟁이 있을 경우 우선권을 받을 수 있는 이름표입니다. 이 외에도 이야기 나누기를 통해 '급식실에 갈 때 제일 앞에 줄 서기', '선생님 옆에서 밥 먹기' 등 정리정돈을 잘하는 친구를 위한 특권을 유아들과 함께 정할 수 있습니다.

여섯째, 정리가 잘 되지 않은 놀이 공간은 일시적으로 제한할 수 있습니다. 놀이 공간 입구에 '오늘은 쉽니다'라고 표시하거나 교구장을 반대로 돌려 사용하지 못하게

지니의 정리 가방

고깔고깔 대작전

오늘은 쉽니다

합니다. 그런 후 왜 해당 공간에서 놀이하지 못하게 되었는지 충분히 이야기를 나누고, 정리정돈이 잘 이루어지지 않을 때는 놀이할 수 없음을 알려줍니다.

간식 및 급식 지도

간식 및 급식시간은 단순히 음식을 먹는 시간이 아닌 손 씻기, 정리정돈, 바른 식습관 등 여러 가지 기본생활습관이 포함되어 있는 중요한 활동입니다.

유치원은 대체로 오전, 오후 총 2번의 간식과 1번의 급식을 실시합니다. 때로는 점심시간에 따라 오전 우유 간식을 생략하고 1회 제공하기도 합니다. 오전 간식으로 유아의 성장을 돕는 견과류와 멸치 등을 제공하여 우유와 함께 먹을 수 있습니다. 평소 견과류와 멸치를 잘 먹지 않은 유아도 친구들과 함께 먹으면 같이 먹게 됩니다.

간식을 배식할 때는 개인별 식기를 사용하여 자신의 자리에서 먹도록 하고, 그날의 간식 반장을 정해 친구들의 배식을 돕도록 할 수 있습니다. 다 먹은 후에는 스스로 주변 및 간식 접시를 정리하도록 합니다. 간식 시간 전후에는 손을 깨끗이 씻도록 하여 일상생활 중에 손 씻기를 습관화하도록 합니다. 간식과 관련하여 할 수 있는 활동으로는 자신이 먹고 싶은 간식이나 점심 식사 메뉴를 점토를 이용하여 만들거나 그림으로 그릴 수 있고, 음식 사진이 있는 전단 등을 오려 식판에 붙여 볼 수 있습니다.

급식 지도는 일 년 동안 꾸준히 해야 합니다. 우리 몸을 튼튼하게 해주는 음식 등과 관련한 골고루 먹는 습관에서부터 입에 음식을 넣은 채 다른 사람에게 이야기하지 않기, 음식 먹으며 돌아다니지 않기 등 식습관 예절까지 지도합니다.

유아는 소근육이 발달하면서 젓가락 사용이 가능해지므로 유아 발달에 따른 젓가락을 제공합니다. 만 3세 유아는 시중에 판매되고 있는 보조 젓가락 등을 이용하여 뿅뿅이를 옮겨 볼 수 있도록 하고, 익숙해지면 일반 유아용 젓가락으로 옮겨볼 수 있도록 합니다. 만 5세 유아는 소근육 발달에 따라 뿅뿅이에서부터 콩까지 젓가락으로 옮겨볼 수 있도록 합니다. 만 5세라고 해서 꼭 일반 유아용 젓가락으로 연습을 해야 하는 것은 아닙니다. 유아의 소근육 발달 정도를 파악하여 적절한 젓가락을 제공하여 연습할 수 있도록 합니다. 유아들이 어느 정도 젓가락질에 익숙해질 때쯤 '알콩달콩 콩 나르기'(제한된 시간 안에 젓가락으로 콩을 옮기는 놀이)와 같은 우리 반만의 행사를 계획하여 바른 젓가락 사용에 대한 지도를 극대화할 수 있습니다.

간식 만들기   보조젓가락 사용하기   알콩달콩 콩 나르기

낮잠과 휴식

휴식은 유아의 건강과 직결되고 이는 안전사고와 관련이 있기 때문에 중요한 일과입니다. 교실 한쪽에 휴식을 할 수 있는 공간을 마련합니다. 하지만 유아들은 친구가 놀고 있으면 컨디션이 좋지 않아도 계속 놀이에 참여하려고 합니다. 유아들에게 더욱 잘 놀기 위해서 휴식이 필요함을 알려주고, 쉴 수 있도록 합니다.

하루 일과 중 시간을 정해 편안하게 누워 쉴 수 있도록 하고 어린 연령 유아는 낮잠을 잘 수 있도록 합니다. 그러나 낮잠을 자는 것을 원하지 않는 부모님이 계실 수 있습니다. 부모 교육을 통해 학기 초 어린 연령 유아는 낯선 환경의 긴장감 속에 피로감을 느껴 오후가 되면 힘들어하거나 짜증이나 다툼의 횟수가 늘게 된다는 사실을 알려주고, 1시간 정도 낮잠을 잘 수 있도록 합니다. 낮잠을 자지 않은 유아는 조용하게 휴식을 취할 수 있도록 합니다. 그 후 유치원에 적응하면서 점점 시간을 줄일 수 있습니다.

낮잠 및 휴식시간에는 커튼을 내리거나 조용한 음악을 틀어주어 편안하게 쉴 수 있는 환경을 조성합니다.

바깥놀이터 약속 알아보기

　바깥 놀이는 유아들이 가장 좋아하는 하루 일과입니다. 바깥놀이터는 유아가 스트레스를 풀 수 있는 유일한 공간이기도 하기 때문에 실내에 있을 때보다 유아들이 더욱 활동적입니다.

　바깥놀이터에서의 약속은 안전과 직결되므로 매우 중요합니다. 그림 자료를 통한 이야기 나누기보다는 직접 바깥놀이터로 나가 위험한 곳을 살펴보며 이야기 나눌 수 있습니다. 그네, 시소, 오르기 기구, 복합놀이 기구 등 다양한 놀이시설이 있다면 매일 돌아가며 안전 약속에 대해 알아볼 수도 있습니다. 만 5세 유아의 경우 자신이 찾은 곳이 왜 위험한지 친구들에게 소개하고, 직접 만든 안전스티커를 부착해볼 수 있습니다. 만 3세 유아는 교사가 제작한 안전스티커를 위험한 곳에 붙여보며 조심해야 할 곳을 표시해볼 수 있습니다. 또한 놀이터 안전지킴이 대장을 정해 바깥 놀이 시 안전하게 놀이할 수 있도록 돕는 역할을 할 수 있도록 합니다.

　요즘에는 황사나 미세먼지 때문에 바깥 놀이를 할 수 없는 날이 많이 있습니다. 매일 미세먼지 앱이나 관련 사이트를 보며 바깥 놀이할 수 있는 적절한 날씨인지 확인하고, 할 수 없다면 이를 대체할 수 있는 실내용 놀이를 준비해두는 것이 좋습니다.

안전스티커 붙이기　　　　　안전스티커　　　　　놀이터 안전지킴이 되기

유아가 스스로 할 수 있는 일 정해보기

만 4, 5세 유아는 유치원에서 할 수 있는 일을 찾아보고, 이에 참여할 기회를 주어 민주적이고 개방적인 학급 분위기를 조성합니다. 우유 반장, 칠판 지우기 반장, 정리 반장, 리모컨 반장 등 아주 작은 일이라도 유아가 스스로 하는 경험을 통해 자신감과 자존감을 기를 수 있습니다. 역할은 학급 유아의 요구에 따라 매주 혹은 매달 바꾸어주도록 합니다.

이 외에도 활동편에 제시된 '궁금해요 내 자리', '내 모둠 보물찾기' 등과 같이 간단한 놀이를 이용해 자신의 자리나 모둠을 스스로 정해볼 수 있습니다. 유아들이 스스로 의사결정을 해보는 과정에서 유아 간 의견 차이가 발생할 수 있습니다. 예를 들어, 뽑기를 통해 자신의 모둠 자리를 정했는데 마음에 들지 않는다며 우는 유아가 있다면 어떻게 해야 하는지에 대해 이야기하며 해결 방법을 찾아볼 수 있습니다. 이러한 과정을 통해 유아는 스스로 의사 결정을 하는 방법에 대해 배우며 성장할 수 있습니다.

우리 반 역할 정하기

내 자리 뽑기

내 모둠 보물찾기

등·하원 안전 지도

등 · 하원 안전은 유아의 생명과 관련이 있으므로 귀가 시간에 교통안전, 유아성폭력예방안전, 유아 유괴 · 실종 예방 등의 안전교육을 해야 합니다.

교사는 유아의 등원 시간에 출석 확인을 꼭 해야 합니다. 결석 시에는 학부모님이 미리 담임교사에게 연락을 주도록 안내하며, 사전에 연락을 받지 못했는데 유아가 결석했다면, 즉시 부모님께 연락해 유아의 상태를 확인해야 합니다. 연락 없이 무단결석을 했다면, 아동 학대와 관련된 가정 방문 동의서에 의해 가정방문을 해야 합니다. 또한 등원 시간에 유아의 얼굴이나 몸에 상처가 있다면, 부모님과 통화하여 차후에 발생할 수 있는 오해를 미리 예방하도록 합니다.

하원 시간에는 하루 일과에 대한 평가를 실시합니다. 혹시나 기분이 좋지 않은 유아는 마음을 읽어주어 좋은 기분으로 귀가할 수 있도록 합니다. 또한 유아의 소지품을 스스로 챙길 수 있도록 합니다. 특히 가방이나 옷 등의 소지품이 바뀔 수 있으므로 다시 확인합니다. 유아의 얼굴을 확인하여 상처를 발견하거나 일과 중 다쳤다면 유아가 귀가하기 전 부모님과 통화하여 상황에 대해 설명을 합니다. 유아의 머리를 빗겨주거나 옷매무새를 단정히 하는 것도 놓쳐서는 안 됩니다.

하원과 관련해서는 사전에 귀가 동의서를 받아두어야 합니다. 시간에 변동이 생기거나 보호자가 달라진 경우 담임선생님께 미리 연락하도록 부모님께 안내합니다. 또한 학원으로 이동하는 유아는 귀가 동의서를 통해 통학 차량에서 내릴 때의 보호자를 미리 파악하고 있어야 합니다.

등 · 하원 길에는 부모님을 제외한 다른 사람을 따라가지 않고, 혹시 익숙한 사람일지라도 부모님께 허락을 받도록 합니다. 특히 무섭게 생기거나 수염이 있는 사람만 나쁜 사람으로 여기는 유아에게 '그렇지 않아' 동시로 낯선 사람에 대한 편견을 없애주는 것도 좋습니다. 통학 차량을 이용하는 유아들은 친구 집에 가고 싶다고 허락을 받지 않은 채 친구 집에서 내리겠다고 하는 유아도 있습니다. 친구 집에 갈 때는 부모님의 허락을 받아야 한다는 것을 알려주도록 합니다.

무더운 여름 통학버스에 갇히는 참사가 매년 발생하고 있습니다. 사전에 운전자와 안전도우미가 꼼꼼하게 살펴봐야 하겠지만, 혹시나 모를 사고에 대비하여 안전교육을 실시하는 것이 좋습니다. 안전벨트를 스스로 푸는 방법과 통학 차량에 갇혔을 경우 운전자석 경적을 울리는 연습을 해보는 활동에 진지하게 참여할 수 있도록 하며 1회에 그치는 것이 아니라 지속해서 교육합니다.

| 나쁜 사람은 누구? | 안전벨트 스스로 풀기 | 버스에 갇혔을 때 대처법 알아보기 |

자유놀이의 날 정하기

2019 개정 누리과정 시행으로 놀이 중심의 학급운영이 강조되고 있습니다. 유아 중심, 놀이 중심의 학급 운영을 위해서는 비우기, 덜어내기가 꼭 필요합니다. 유치원은 교사가 유연성 있게 하루 일과를 계획해도 예상치 못한 일들이 발생하여 계획한 활동을 할 수 없거나 유아의 흥미에 따라 1개밖에 못할 때가 많습니다. 선생님의 주간교육계획안을 한 번 펴보시고, 그런 활동이 많다면 비우는 것이 좋습니다.

저희 역시 같은 고민을 하고 있었습니다. 고민에 대한 해결책으로 일주일에 1회는 '자유놀이의 날'로 정했습니다. 이날은 유아들이 하고 싶은 놀이를 해보거나 하지 못했던 활동을 해볼 수 있습니다. 또한 기본생활습관 중 필요한 부분이 있다면 대·소집단이나 개별적으로 보충하는 시간으로 가질 수 있습니다. 특히 학기 초에는 유아의 발달 정도나 수준을 예측하기 힘들어 더욱 계획대로 활동을 하기 어려워 '자유놀이의 날'이 필요했습니다. 유치원의 상황에 따라 매주 '자유놀이의 날' 운영이 어려울 수도 있습니다. 꼭 매주 하라는 것은 아닙니다. 늘 놀이시간이 부족하고, 하고 싶은 것이 많은 유아들이 마음껏 즐길 수 있는 날을 계획해서 좀 더 유연한 학급 운영을 할 수 있기를 바랍니다.

지금까지 3월 1주부터 4주까지의 활동을 큰 그림으로 그려보았습니다.

정해진 것은 아무것도 없습니다. 자신의 학급에 맞게 수정하고,

재구성하여 3월 아이들과 기쁨으로 맞이하시기를 진심으로 응원합니다.

그럼, 이제 앞에 소개한 내용을 실제 활동으로 풀어보겠습니다~!

(활동은 주별로 나뉘어져 있으나 유아의 발달 수준과 흥미에 따라

자유롭게 순서와 내용을 조정할 수 있습니다.)

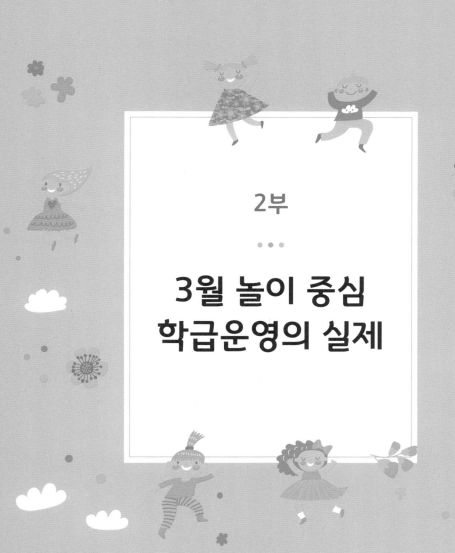

2부

· · ·

3월 놀이 중심
학급운영의 실제

유치원에서 만난
선생님, 친구

3월 1주 · 유치원에서 만난 선생님, 친구

선생님
알아가기

사진
촬영

인사

내 소개

1주

신발 옷
가방 수첩
정리

줄서기

화장실
지도

급식
지도

선생님이 계획해보는 3월 1주

1주

3월 1주 연령별 주간교육계획안 예시

20○○.○○유치원/어린이집 **'만 3세'** 제1주 교육계획안	생활주제	유치원과 친구
	주 제	유치원에서 만난 친구, 선생님

목 표	• 새로 만난 선생님, 친구들에게 관심을 가진다. • 유치원은 선생님, 친구들과 함께 즐겁게 지내는 곳임을 안다.				
날짜(요일) 활동	2일(월)	3일(화)	4일(수)	5일(목)	6일(금)
소주제	첫 만남	급식실 사용법	내 소개	인사 나누기	우리 반 선생님
유아 맞이하기	· 눈 마주치기, 안아주기, 하이파이브, ET 인사, 손 점프 터치로 따뜻하게 맞아주기				
함께 모여 인사 나누기	· '안녕' 노래로 인사를 해요			· ○○는 어디 있나	
자유놀이 및 자율간식	유아가 하고 싶은 놀이하기				
함께하는 놀이	입학식 ① 선생님은 마술사 ② 오늘의 주인공을 위한 보물찾기 ③ 내 이름 말하기	급식실 이용법 알아보기	당신은 누구십니까? 5분 안전교육	① '안녕' 노래 부르며 인사 ② 알록달록 내 친구	① 선생님과 숨바꼭질놀이 ② 선생님 얼굴 카드 뒤집기
급식 지도	배식 받는 연습하기				
바깥 놀이	유치원 놀이터에서 놀기				
가정통신문	♡ ○○유치원 입학을 축하합니다. 앞으로 행복반과 일 년을 즐겁게 보낼 담임교사 ○○○입니다. 저의 교육관을 담은 편지를 가정으로 보냅니다. 일 년 동안 많은 지지와 협조 부탁드립니다. ♡ 3일(화)은 새로운 유치원 환경에 적응하는 시기이며, 유치원에서 알아야 할 약속에 대해서도 배우는 시기입니다. 결석을 하지 않도록 하여 유아들이 새로운 환경에 잘 적응할 수 있도록 도움주시기 바랍니다. ♡ 3일은 유아 개인 사진 촬영이 있으니 결석하지 않도록 해주시기 바랍니다. ♡ 만 3세 유아들은 실수를 할 때가 있으니 여벌의 옷을 담아 이름을 적어 보내주시기 바랍니다. ♡ 보내드린 각종 동의서와 준비물을 이번 주 금요일까지 유치원으로 보내주시기 바랍니다.				

※ 유치원의 상황 및 유아의 흥미에 따라 변동될 수 있습니다.

20○○.○○ 유치원/어린이집 '만 4세' 제1주 교육계획안		생활주제	유치원과 친구		
		주 제	유치원에서 만난 선생님, 친구		

목 표	• 유치원에서 새로 만난 친구와 선생님과 즐거운 시간을 보낸다. • 유치원은 선생님과 친구와 즐겁게 보내는 곳임을 안다.				
날짜(요일) 교육내용	3/2(월)	3/3(화)	3/4(수)	3/5(목)	3/6(금)
소주제	입학식	인사 나누기	내 소개	우리 반 친구	우리 반 선생님
등원 및 아침 인사	반갑게 인사하기, 출석체크하기, 자유놀이 계획하기				
자유 놀이 / 쌓기/ 역할	여러 가지 블록놀이, 가면 놀이-개인사진촬영				
미술	자유 그림 그리기, 미션 종이 만들기				
정리정돈 및 평가 인사 및 간식	정리정돈하기, 자유놀이 평가하기, 하루 일과 안내하기, 간식 • 우리 반만의 특별한 인사하기				
대·소집단 활동	입학식	인사 놀이	미술 & 언어	신체	동시
	부모님과 이름표 붙이기	우리 반만의 특별한 인사법 정하기	출석 이름 카드 만들기	친구와 미션 가위바위보	'우리 예쁜 선생님'
바깥 놀이	급식 지도 (11:20~)	비눗방울 놀이	뒤죽 박죽 신발 정리하기	무궁화 꽃이 피었습니다	자유놀이
점 심	• 맛있게 점심 먹기 • 깨끗하게 양치질하기 • 자유선택활동				
가정통신문	♡ 우리 귀염둥이들이 입학을 하였습니다! - 유아가 유치원에 적응할 수 있도록 일찍 자고 일찍 일어나는 습관을 가질 수 있도록 도와주시고, 9시까지는 등원 부탁드립니다. - 3월에는 우리 반에서 지켜야 할 규칙과 기본생활습관에 대해 집중적으로 알아보고자 합니다. 되도록 결석을 하지 않도록 도와주시면 감사하겠습니다. ♡ 유치원 등·하교 시 교통안전에 특히 유념해서 안전하게 다닐 수 있도록 가정에서 지도바랍니다. 상황과 환경에 따라 활동이 융통적으로 변경될 수 있습니다.				

	20○○.○○유치원/어린이집 '만 5세' 제1주 교육계획안	생활주제	유치원과 친구
		주 제	유치원에서의 환경 1

목 표	• 유치원에서 새로운 선생님과 친구와 즐거운 시간을 보낸다. • 내가 할 수 있는 일을 스스로 알고 해본다.				

날짜(요일) 교육내용		3/2(월)	3/3(화)	3/4(수)	3/5(목)	3/6(금)
소주제		입학식	인사 나누기	내가 할 수 있는 일	내 소개	유치원에서 만난 사람들 알아보기
등원 및 아침 인사		반갑게 인사하기, 출석체크하기, 자유선택활동 계획하기				
자유 선택 활동	쌓기/역할	여러 가지 블록놀이				
	언어	우리 예쁜 선생님 선생님의 이름을 찾아줘				
	수·조작	자유놀이				
	미술	자유 그림 그리기 내 이름 꾸미기				
	과학/음률	자유놀이				
정리정돈 및 평가		정리정돈하기, 자유선택활동 평가하기, 하루 일과 정하기 • 인사: 내 기분 미키마우스 귀 만들기				
대소 집단 활동	이야기 나누기	우리 반 선생님 알아보기		유치원에 오면 (인사/신발/가방/수첩/옷)		
	동화/ 동시/동극	입학식				
	신체/ 게임			알록달록 내 친구		
	음률/ 과학/역할				개인사진촬영 가면 놀이	
	미술/ 언어	학부모 오리엔테이션				선생님의 이름 찾기
	바깥 놀이	급식 지도	비눗방울 놀이	유치원 주변 산책	안녕 친구와 기차놀이	운동장에서 놀이하기
가정통신문		♡ 우리 귀염둥이들이 입학을 하였습니다! - 유아가 유치원에 적응할 수 있도록 일찍 자고 일찍 일어나는 습관을 가질 수 있도록 도와주시고, 9시까지는 등원 부탁드립니다. - 3월에는 우리 반에서 지켜야 할 규칙과 기본생활습관에 대해 집중적으로 알아보고자 합니다. 되도록 결석을 하지 않도록 도와주시면 감사하겠습니다. ♡ 유치원 등·하교 시 교통안전에 특히 유념해서 안전하게 다닐 수 있도록 가정에서 지도바랍니다. 상황과 환경에 따라 활동이 융통적으로 변경될 수 있습니다.				

01 우리 반 선생님 알아보기

내용 관계 형성하기 연령 만 3, 4, 5세

두근두근 설레는 아이들과의 첫 만남! '우리 반 담임선생님이 누구일까' 기대하는 아이들에게 선생님의 모습을 재치 있게 소개할 수 있는 방법이다. 첫 만남에서 선생님에 대한 적극적인 소개는 친밀감 형성 및 유치원에 대한 기대감을 심어줄 수 있다.

 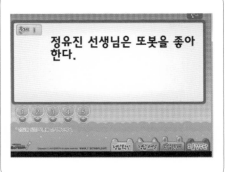

- 퀴즈 플래시(스펀지, OX 퀴즈), 마술 도구, 교사 소개 영상

★ **놀이방법입니다!**

- 스펀지 플래시를 이용한 퀴즈 맞히기
  - 예) 정유진 선생님은 □□에서 뛰어 내렸다.

    (정답 : 하늘 / 자료 : 스카이다이빙 영상)
- 동영상 속 선생님 찾기
  - 선생님에 관한 영상을 본다.
  - 선생님이 언제, 무엇을 하고 있는지 맞혀본다.
- 선생님에 관한 OX 퀴즈 내기
  - 예) 선생님은 또○ 캐릭터를 좋아한다. (X)

    선생님은 마술을 잘한다. (○)

    선생님은 동물소리를 흉내 낼 수 있다. (○)

    선생님은 햄스터를 키운다. (○)

♥ **그래쌤의 TIP**

- 첫 만남에서 선생님에 대한 적극적인 소개는 친밀감 형성 및 유치원에 대한 기대감을 심어줄 수 있다.
- OX 문제의 정답을 알려주며 마술이나 장기를 함께 보여준다.
- 교사가 좋아하는 캐릭터 문제를 낼 때는 해당 인형을 가방에 넣고 손으로 만져서 어떤 캐릭터인지 맞혀볼 수도 있다.
- 유아가 호기심을 가질만한 특징을 중심으로 문제를 제시하면 좋다.

02 선생님은 마술사

내용 관계 형성하기 연령 만 3, 4, 5세

새로운 교실, 새로운 친구, 새로운 선생님. 모든 것이 낯선 유아들과 함께 '수리수리 마수리'를 외쳐본다. 선생님의 손길을 바라보며 기대하는 아이들과 상호작용하며 친숙하게 유아들에게 다가가 마음을 사로잡아보는 활동이다.

★ **준비해주세요!**

▪ 마술 도구(플라워완드, 컬러링 북, 체인지백 등)

★ **놀이방법입니다!**

▪ **플라워완드** 긴 막대기 속에 숨겨진 꽃이 자석의 힘으로 화분에 피는 마술이다.

　– "우리 반도 이렇게 꽃처럼 아름다운 반이 되어보자."

　– "우리 반에는 꽃처럼 예쁘고 멋진 왕자님과 공주님만 있구나."

▪ **체인지백** 주머니 속에 다양한 종류의 초콜릿이나 사탕을 넣어 놓고, 유아들에게 나와 1개씩 뽑아가도록 한다.

　– "사탕(초콜릿)처럼 달콤한 우리 반이 되어보자."

▪ **컬러링북** 유아들의 주문 소리에 따라 그림이 그려지고, 그림에 색칠이 되는 마술이다.

　– "우리 반은 아직 서로 잘 몰라 하얀 마음이지만, 점점 친해지다 보면 친구의 마음을 그림으로 알 수 있고, 서로 정말 친해지면 멋진 마음의 색도 가질 수 있어. 우리 이렇게 멋진 친구들 되어보자."

♥ **헬퍼나라쌤의 TIP**

▪ 마술 도구는 인터넷 사이트를 통해 쉽게 구입할 수 있다.

▪ 간단하고 쉽게 할 수 있는 마술 도구를 사용하고, 교사의 실감 나는 연기력을 더한다면 더욱 즐거운 시간이 된다.

03 아이들의 마음을 읽는 숫자마술

내용 관계 형성하기 연령 만 4, 5세

    선생님에 대한 소개를 할 때 다양한 종류의 마술을 보여주면 아이들의 마음을 단번에 사로잡을 수 있다. 숫자 카드판만 있으면 누구나 할 수 있는 간단하면서도 재미있는 마술활동이다.

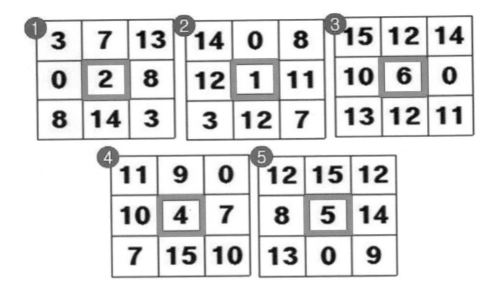

유아가 뽑은 숫자가 7일 경우, 1번, 2번, 4번 숫자판에 7이 있다.

1, 2, 4번 숫자판의 가운데 숫자를 모두 더하면(2+1+4) 7이 나온다.

⭐ 준비해주세요!

- 숫자 카드 판, 작은 메모지, 연필

⭐ 놀이방법입니다!

- 1명이 나와 1~10까지의 숫자 중 하나를 적은 후 종이를 접는다.
- 종이는 바른 자세로 앉은 다른 유아의 호주머니에 넣거나 손에 쥐어준다.
  - 이때 교사가 종이를 보지 않았다는 것을 강조한다.
  - "사랑이가 적은 숫자를 보이지 않게 몇 번 더 접어볼게. 선생님은 눈을 가리고 있어서 사랑이가 어떤 숫자를 적었는지 아직은 잘 모른단다."
- 숫자를 적은 유아는 숫자를 말하지 않기로 약속한다.
  - "선생님이 사랑이의 숫자를 알아맞히기 전까지는 어떤 숫자를 적었는지 친구들에게도 비밀로 해줘."
- 5개의 숫자 카드판에 유아가 적은 숫자가 있으면 "예", 없으면 "아니오"로 대답한다.
- 교사는 유아가 "예"라고 대답한 카드판의 가운데 숫자만 더한다.
- 교사가 정답을 말하기 전에 대화를 통해 유아들과 친밀한 교감의 시간을 갖는다.
  - "선생님이 사랑이의 마음 속 숫자를 읽어볼게. 눈을 한번 봐보자. 선생님을 한번 안아주면 힘이 나서 쉽게 알아맞힐 수 있을 것 같아"
- 마술을 통해 유아의 마음을 읽은 것처럼 연기하며 숫자를 말한다.

🖤 그래쌤의 TIP

- 마술을 보여줄 때는 과장된 몸짓과 재미있는 표정을 곁들이면 좋다.

04 오늘의 주인공을 위한 보물찾기

내용 관계 형성하기 연령 만 3, 4, 5세

'어떤 보물이 숨어 있을까?', '어디에 보물이 숨겨져 있을까?' 기대감을 가지고, 교실 곳곳을 탐색하며 첫 만남을 즐겁게 시작하는 활동이다. 그러나 혹시 보물을 찾지 못한 친구들을 위해 주변에 살짝 떨어뜨려주는 교사의 센스가 필요하다.

▪ 유아들이 좋아할 만한 작은 선물(초콜릿, 초코우유, 팽이, 딱지 등)

★ **놀이방법입니다!**

▪ 유아 수만큼 보물(선물)을 교실에 숨긴다.

▪ 유아는 교실을 돌아다니면서 보물(선물) 1개를 찾도록 한다.

▪ 보물(선물)을 찾은 친구는 함께 모이는 자리에 돌아와서 앉는다.

▪ 찾은 보물(선물)로 놀이할 시간을 제공한다.

　－ 팽이치기, 딱지치기, 초콜릿 먹기

▪ 교사는 유아들에게 첫 만남 인사를 한다.

　－ "사랑하는 ○○반 친구들! 만나서 반가워요. 딱지(팽이)로 친구들과 함께 놀
　　이를 해보니 기분이 어떤가요? 딱지(팽이)놀이처럼 즐겁게 유치원에서 놀아
　　보아요."

　－ "계속 생각나고, 먹고 싶은 달콤한 초콜릿처럼 계속 생각나고, 오고 싶은 유치
　　원 우리 반을 만들어보아요."

▪ 찾은 보물(선물)을 들고 기념사진을 찍는다.

♥ **헬퍼나라쌤의 TIP**

▪ 만 3세의 경우 유치원이 낯설고, 부모님과 떨어지지 않으려고 우는 유아가 많다.
　따라서 유아들이 가장 좋아하는 것이 무엇인지 파악하여 선물을 준비한다.

▪ 보물을 찾으면 안아주기, 하이파이브하기, 악수하기 등 교사와 잦은 스킨십을 통
　해 친해질 수 있도록 한다.

05 선생님과 하고 싶은 놀이 알아보기

내용 관계 형성하기   연령 만 4, 5세

　신나는 유치원 생활에 대한 기대감을 가질 수 있도록 유치원에서 할 수 있는 다양한 활동을 미리 보여준다. 친구들과 함께 해보고 싶은 놀이를 뽑아보고 재미있는 놀이를 하기 위한 안전 약속에 관해서도 이야기를 나눈다.

★ 준비해주세요!

- 선생님과 하고 싶은 놀이 PPT

★ 놀이방법입니다!

- 선생님과 할 수 있는 놀이 사진을 보며 이야기를 나눈다.
    - "선생님은 손님이 되고, 언니 오빠들이 미용사가 되어 미용실 놀이를 하는 장면이란다. 미용사 언니가 머리도 빗겨주고, 양 옆으로 묶어줘서 너무 재미있었어요."
- 선생님과 해보고 싶은 놀이를 뽑는다.
    - 사진 밑에 스티커 붙이기, 손 들고 발표하기 등
- 즐거운 유치원 생활을 위해 지켜야 할 안전 약속(예: 위험한 행동 하지 않기)에 관해 이야기를 나눈다.
    - "친구들이 즐겁게 놀이하기 위해 규칙이 꼭 필요하단다."
    - "위험한 행동이란 무엇일까요?"(친구 밀기, 장난감 던지기 등)
    - "위험한 행동으로 다치거나 문제가 생기면 즉시 선생님에게 도움을 요청할 수 있어요."
    - "선생님과 즐겁게 유치원 생활을 하는 법을 천천히 배워가도록 해요."

♥ 그래쌤의 TIP

- 활동 사진은 전년도 유아들이 뽑은 재미있었던 활동이나 아이들이 보고 함께 웃을 수 있는 사진, 선생님이 함께 놀이에 참여한 사진 등이 좋다.
- 안전 약속에 대해 이야기할 때는 교사가 단호한 모습을 보여주어야 한다. 단, 이 활동에서는 유치원에서 지켜야 할 구체적인 규칙보다는 간단하게 안전의 중요성을 강조하는 것이 좋다.

06 당신은 누구십니까?

내용 관계 형성하기 연령 만 3, 4, 5세

자신의 이름을 놀이를 통해 소개해보는 활동이다. 이름을 소개하고 친구들에게 '아름답구나', '멋지구나' 와 같은 칭찬을 받을 수 있다. 친구들에게 칭찬을 받고 부끄러워하면서도 좋아하는 아이들의 볼 수 있으며 자존감을 높일 수 있는 활동이다.

★ **놀이방법입니다!**

- 동그랗게 원을 만들어 모여 앉는다.
- 자기소개를 시작할 방향을 정한다.
- 유아 모두 '당신은 누구십니까?' 노래를 부른다.

  ♫ 당신은 누구십니까 나는 ○○○

  　그 이름 아름답구나.

- '당신은 누구십니까'를 부르며 모든 유아는 두 손을 뻗어 자기소개를 할 유아에게 향하게 한다.
- 해당 유아는 일어서서 "나는 ○○○"라고 자신을 소개한다.
- 유아 모두 '그 이름 아름답구나' 라고 노래를 부른다.
  - '그 이름 천사같구나'
  - '그 이름 왕자(공주) 같구나'
  - '그 이름 최고같구나'
  - '그 이름 멋있구나(예쁘구나)'

♥ **헬퍼나라쌤의 TIP**

- 짝을 바꿔가며 자신을 소개해볼 수 있다.
- '그 이름 ○○○ 같구나' 부분을 유아가 듣고 싶어하는 다양한 칭찬의 말로 바꿔 부를 수 있다.
- 만 3세 유아는 교사가 불러주는 노래에 맞춰 자신의 이름을 스스로 말할 수 있도록 기다려준다.

07 출석 이름 카드 만들기

내용 일과 지도하기 **연령** 만 3, 4, 5세

매일 아침 출석 노래를 부르며 친구들과 인사를 나눈다. 출석 이름 카드는 출석 노래를 부르며 유아들이 호명할 친구를 알려주기 위해 사용한다. 자신의 이름을 쓰고, 그림과 사진으로 꾸며 자신만의 멋진 이름표를 만들 수 있다.

★ 준비해주세요!

- 도화지, 필기구, 유아 사진

★ 놀이방법입니다!

- 이름표 크기의 종이를 오려 유아들에게 나눠준다.
- 유아들은 자신의 이름을 색칠하거나 스스로 써본다.
  - 만 3세: 테두리가 있는 이름 제공하기
  - 만 5세: 스스로 적어보기
- 자신의 이름표에 그림을 그려 꾸며준다.
- 자신의 사진을 오려 이름 앞에 붙인다.

♥ 헬퍼나라쌤의 TIP

- 얇은 종이보다는 두께가 있는 색지나 도화지를 사용한다.
- 고리 등으로 연결하여 매일 아침 출석노래 부를 때 사용한다.
- 만 3세 유아는 테두리가 있는 이름을 제공해 색칠하게 하고, 자신의 사진을 붙여 사용할 수 있도록 한다.
- 자기 이름을 혼자 쓸 수 없는 유아 중에서 스스로 이름을 적고 싶어 하는 유아는 교사가 종이에 적어주는 것을 보고 쓸 수 있도록 돕거나 함께 필기도구를 잡고 써준다.

08 ○○는 어디 있나!

내용 관계 형성하기 연령 만 3, 4, 5세

아침시간 노래를 부르며 출석을 확인하는 활동이다. 처음에는 선생님이 불러준 노래에 따라 친구를 찾는 것이 어렵지만, 매일 노래를 부르다보면 자연스럽게 친구 이름을 외우게 되어 쉽게 친구를 찾게 된다. 또한 결석을 하거나 지각한 친구들의 안부를 궁금해하며 반 친구들에게 관심을 갖는다.

- 유아 출석 이름 카드

★ **놀이방법입니다!**

- 신체 부분을 가리키며 '코는 어디 있나' 노래를 부른다.

    ♬ 코는 어디 있나 여기, 눈은 어디 있나 여기,

    귀는 어디 있나 여기, 입은 어디 있을까 여기

- 친구들의 이름 카드를 보며 노래를 부른다.

    ♬ ○○는 어디 있나 여기, ○○는 어디 있나 여기,

    ○○는 어디 있나 여기, ○○는 어디 있을까 여기

- 가사의 '여기' 부분에는 친구가 있는 곳을 향해 손을 뻗어 가리킨다.

- 자신이 이름이 불리면 손을 높이 들거나 멋진 포즈를 취한다.

- 결석한 친구가 있다면 상황에 따라 노랫말을 바꾸어 부른다.

    – '○○는 어디 있나?' , '병원'

    – '○○는 어디 있나?' , '집에'

♥ **헬퍼나라쌤의 TIP**

- 선생님 이름까지 함께 넣어 놀이한다.

- 이름 카드는 연령에 따라 다양한 방법으로 유아와 함께 꾸며서 활용한다.

- 놀잇감이 어디 있는지 알아보는 활동에도 응용할 수 있다.

    – '블록은 어디 있나?' , '여기'

    – '숟가락은 어디 있나?' , '저기'

09 무지개 구름 이름표 만들기

내용 관계 형성하기   연령 만 4, 5세

학기 초 친구들에게 자기 이름을 알려주기 위해 할 수 있는 미술놀이다. 친구들과 기분 좋은 말을 주고받으면서 즐거운 학급 분위기를 형성할 수 있다.

★ 준비해주세요!

- 두꺼운 종이(구름), 색지, 가위, 테이프, 시트지, 끈(손잡이), 솜

★ 놀이방법입니다!

- 도안을 따라 구름을 그린 후 자른다.
- 구름 앞면에 이름을 꾸민다.
- 구름 뒷면에 구름보다 작은 크기로 시트지를 붙인다.
- 같은 색깔 5개의 색지를 구름에 테이프로 붙인다.
- 구름에 손잡이를 붙인다.
- 구름을 들고 교실을 돌아다니며 친구와 만난다.
- 친구에게 자기소개를 한다.
- 기분 좋아지는 말을 친구와 주고받는다.
  - "나랑 같이 놀래?", "사이좋게 지내자", "사랑해", "예쁘다", "고마워" 등
- 친구와 구름 색지를 바꾼다.
- 놀이를 반복한다.
- 무지개가 된 구름 이름표를 보며 놀이를 평가한다.

♥ 그래쌤의 TIP

- 사전에 친구에게 친절하게 말하는 방법(기분 좋은 말)에 관해 이야기 나누기를 실시하면 더 효과적이다.
- 글씨를 못 쓰는 유아는 색칠할 수 있게 테두리가 있는 이름표를 제시한다.
- 시트지는 스티커처럼 무지개 색지의 탈부착을 돕는다.

10 '안녕' 노래로 인사하기

내용 인사하기 연령 만 3, 4, 5세

등 · 하원 시간에 함께 모여 노래를 부르며 친구와 선생님과 스킨십하며 친밀감을 높이는 활동이다. 친구, 선생님과 악수하기, 안아주기, ET 인사 등 스킨십 인사를 통해 서로 웃으며 기분 좋게 하루를 시작할 수 있다.

- '안녕' 동요, 악보

★ 놀이방법입니다!

- 인사 노래를 불러본다.
    - 안녕(만 3세 누리과정)
        - ♬ 우리우리 선생님 안녕하세요. 우리우리 친구들 안녕 안녕
          롤루롤루롤루루랄라랄라라 오늘 하루도 즐겁게
    - 안녕(박상문 뮤직월드)
        - ♬ 안녕안녕 친구들, 안녕안녕 선생님
          오늘 다시 만나 반갑습니다.
          안녕 안녕 안녕
          안녕안녕 친구들 안녕안녕 선생님
          오늘 다시 만나 재미게 놀자
          안녕 안녕 안녕
- 교실에 돌아다니면서 짝을 지어 인사를 나눈다.
    - ET 인사 나누기, 엉덩이 쿵 인사 나누기
    - 팔짱인사 나누기: 팔짱끼고 한 바퀴 돌기
- 노랫말 '안녕' 부분에서는 다양한 인사를 나눈다.

♥ 헬퍼나라쌤의 TIP

- 별도의 시간에 가르치기보다는 매일 불러서 자연스럽게 익숙해지도록 한다.
- 참고: 3세 유치원과 친구 P.84 – '안녕' 인사로 노래해요.

11 우리 반만의 특별한 인사법 정하기

내용 **인사하기** 연령 **만 4, 5세**

세계 여러 나라의 다양한 인사법을 알아보면서 친구들과 인사를 나눈다. 인사의 의미에 대해 알아보며 우리 반만의 특별한 인사법을 정해본다. 함께 정한 인사는 등원할 때나 모이는 시간에 매일 활용한다.

▪ 세계 여러 나라의 인사 PPT, 인사법 카드, 집게, 신나는 동요, 블루투스 스피커

★ **놀이방법입니다!**

▪ 세계 여러 나라의 인사 방법에 대해 알아본다.

▪ 다양한 인사법을 따라해 본다.

▪ 세계의 인사법 외에도 재미있는 인사법에 대한 생각을 모은다.

▪ 집게로 다양한 인사 카드 중 1개를 선택하여 옷에 붙인다.

▪ 즐거운 동요에 맞춰 교실을 돌아다닌다.

▪ 동요가 멈추면 2명씩 짝을 짓는다.

▪ 가위바위보를 한다.

▪ 이긴 사람의 카드에 맞춰 인사를 나눈다.

▪ 놀이를 반복한다.

▪ 가장 재미있었던 인사법에 대해 이야기를 나눈다.

▪ 우리 반만의 특별한 인사법을 함께 정해본다.

♥ **그래쌤의 TIP**

▪ 우리 반만의 특별한 인사법은 1~2주 정도 아침에 모였을 때 함께 해본다.

▪ 유아가 생각한 재미있는 인사법도 카드로 만들 수 있도록 빈 카드를 준비해둔다.

12 자! 어서 타세요

내용 인사하기 **연령** 만 4, 5세

유치원 버스를 탈 때 선생님, 기사님과 인사를 나누는 내용인 '자! 어서 타세요' 동화를 통해 인사하는 방법과 인사 받을 때의 자세를 자세히 알아본다. 그 후 동극 속 주인공이 되어 크고 씩씩한 목소리로 함께 인사를 주고받는 놀이를 해본다.

★ 준비해주세요!

- '자! 어서타세요' 동화 PPT, 융판동화자료, 동극용 머리띠, 고무줄 또는 훌라후프, 가방

★ 놀이방법입니다!

- '자! 어서 타세요' 동화를 듣는다.
  - "코끼리 기사님과 동물 친구들이 버스에 탈 때마다 어떤 말을 했나요?"
- 인사를 주고받는 자세에 대해 알아본다.
- 등장인물의 말과 동작을 상상하며 연습해본다.
  - 코끼리: 자! 어서 타세요.
  - 토끼: 선생님, 안녕하세요. / 선생님: 안녕하세요.
- 코끼리 기사님과 선생님, 동물 친구 등 역할을 정한다.
- 동물 친구들은 동극 머리띠와 가방을 착용한 후 교실 곳곳에 서 있는다.
- 코끼리 기사님이 교실을 돌아다니며 친구들과 인사를 나눈 후 버스에 태운다.
- 동극놀이를 회상하며 인사하는 의미와 방법에 대해 평가한다.

♥ 그래쌤의 TIP

- 동극에 경험이 많지 않는 학기 초이므로 역할이나 필요한 활동자료는 미리 준비해둔다.
- 동극 진행이 어려울 경우 인사를 하는 동화의 한 장면만 표현해볼 수 있다.
- 참고: 3세 유치원과 친구 P.210 – 자! 어서 타세요

13 급식실 이용법 알아보기

내용 바른 식습관 갖기 **연령** 만 3세

　유치원에 처음 온 유아는 급식실에서 자기 식판에 음식을 받는 경험도 처음이다. 급식실에서의 실수는 자칫 안전 사고로 이어질 수 있으므로 급식실로 이동하여 숟가락과 젓가락을 들고, 식판에 밥과 반찬을 받은 다음 자리에 앉아보는 연습이 꼭 필요하다.

★ 준비해주세요!

- 식판, 숟가락, 젓가락

★ 놀이방법입니다!

- 급식실로 줄을 서서 이동한다.
- 배식 받는 방법을 알아본다.
  - 숟가락, 젓가락을 손으로 잡는다.
  - 식판 양 옆을 손으로 잡는다.
  - 배식대에서 반찬을 받으며 옆으로 이동한다.
  - 식판을 들고 식탁으로 조심히 걸어간다.
  - 자리에 앉아 식사를 한다.
- 식판을 정리하는 방법을 알아본다.
  - 남은 음식을 숟가락을 이용해 국그릇에 모은다.
  - 자리에서 일어선다.
  - 앉은 자리를 정리한다.
  - 국그릇에 모은 음식물을 쓰레기통에 버린다.
  - 국그릇, 숟가락, 젓가락, 식판을 분류하여 정리한다.

♥ 헬퍼나라쌤의 TIP

- 만 4, 5세 유아는 급식을 받는 법뿐만 아니라 식판을 정리하는 방법까지 알려주도록 한다. 만 3세 유아의 경우에는 배식 받는 방법이 익숙해지면 퇴식 방법을 알려주고, 그 전까지는 교사와 함께 식판을 정리하도록 한다.
- 급식실과 교실의 거리가 멀고, 보조해 줄 교사가 없다면 식판 정리 후 다시 자리에 앉아 기다리다가 담임교사와 함께 교실로 이동한다.

14 뒤죽박죽 신발 정리하기

내용 정리정돈하기 연령 만 3, 4, 5세

　뒤죽박죽 섞여 있는 신발을 보고 느낀 점에 대해 이야기를 나누는 가운데 정리정돈의 필요성을 알 수 있는 활동이다. 다양한 놀이를 통해 신발 정리에 관심을 보이면 구체적인 정리 방법에 관해 더욱 효과적으로 알려줄 수 있다.

★ 준비해주세요!

▪ 실내화 또는 신발

★ 놀이방법입니다!

▪ 뒤죽박죽 섞인 신발 속에서 자신의 신발을 찾는다.
▪ 신발을 빨리 찾기 어려운 이유에 대해 이야기 나눈다.
  - "왜 신발을 찾기 어려웠을까요?"
  - "신발 정리를 안 하면 불편한 점은 무엇일까요?"
▪ 신발을 정리하는 방법에 대해 구체적으로 알아본다.
  - 이름표가 보이게 깊숙하게 넣기
  - 오른쪽 · 왼쪽을 구분하여 바르게 놓기
▪ 교사 또는 유아가 나와 시범을 보인다.
▪ 유아가 스스로 신발을 정리해본다.

♥ 그래쌤의 TIP

▪ 바깥 놀이로 신발 멀리 던지기, 신발 탑 쌓기 놀이 후 뒤죽박죽 섞인 신발 모습을 보고 이야기를 나눌 수도 있다.
▪ 만 3세는 왼쪽, 오른쪽 구분이 어려울 수 있으므로 방법만 알려주고, 점차적으로 지도한다.
▪ 신발을 정리하는 방법을 교사가 먼저 구체적으로 시범을 보여준 후 유아가 해볼 수 있도록 기회를 준다.

15 신발 거꾸로, 바르게 놓기

내용 **정리정돈하기** 연령 **만 3, 4, 5세**

만 3세 유아 중에 신발을 거꾸로 신는 경우가 많이 있다. 이런 경우 놀이를 통해 신발의 오른쪽과 왼쪽을 구분하여 신고, 정리하는 습관까지 지도하면 좋다. 이 활동으로 습관을 완벽하게 바꾸는 것은 어렵지만, 놀이를 통해 반복적으로 익히다 보면 반드시 효과가 나타날 것이다.

★ 준비해주세요!

- 신발 또는 실내화

★ 놀이방법입니다!

- 왼쪽, 오른쪽 신발을 반대로 신은 사진을 보며 이야기를 나눈다.
  - "어떤 점이 이상한가요?"
  - "신발은 발 모양을 따라 만들었기 때문에 반대로 신으면 발이 아플 수 있어요."
- 여러 켤레의 신발을 바르게 또는 거꾸로 놓는다.
- 바르게 정리하는 팀과 거꾸로 정리하는 팀으로 나눈다.
- 제한 시간 동안 팀 미션에 맞게 바르게 또는 거꾸로 정리한다.
- 바르게 또는 거꾸로 정리된 신발이 많은 팀이 승리한다.
- 팀을 바꿔서 놀이를 해본다.

♥ 그래쌤의 TIP

- '나와 가족'에서 가족 신발을 이용하여 게임할 수도 있다.
- 신발을 거꾸로 신는 유아는 바르게 정리하는 팀으로 넣는다.
- 유아의 발달 수준에 따라 제한 시간을 1~2분으로 조정한다.
- 실내에서 활동할 경우 사전에 실내화를 세탁하거나 신발 바닥을 깨끗하게 닦아 사용한다.
- 바깥놀이터나 체육관을 이용하면 편리하다.

16 내 기분 미키마우스 귀 만들기

내용 관계 형성하기 연령 만 3, 4, 5세

    유아의 등원 시 기분은 하루를 좌우할 만큼 중요하므로 아침에 기분을 살펴 마음을 읽어주어야 한다. 내 기분의 상태를 손가락으로 표시해보며 짧은 시간에 유아들의 감정 상태를 확인할 수 있는 활동이다. 유아의 손가락 모양을 보고, 그날의 기분 정도를 파악하여 상호작용 해줌으로써 하루를 즐겁게 보낼 수 있도록 도울 수 있다.

★ 놀이방법입니다!

- 교사는 '구리구리구리구리 미키마우스 귀'라고 외친다.
  - '구리구리구리구리' 동작은 양손 주먹을 쥐고 몸 앞에서 데굴데굴 굴린다.
- 유아는 머리 위에 두 손을 올려 기분의 정도를 손가락으로 표시한다.
  - 손가락 0개: 주먹을 쥔 모습으로 기분이 매우 좋지 않은 상태.
  - 손가락 1개: 뿔 모양으로 기분이 별로 좋지 않은 상태.
  - 손가락 2개: 토끼 귀로 기분이 좋지 않은 상태.
  - 손가락 3개: 고양이 수염(입 옆으로) 모양으로 기분이 조금 좋은 상태.
  - 손가락 5개: 미키마우스 귀 모양으로 기분이 아주 좋은 상태.
- 유아의 기분 상태와 이유를 들으며 마음을 읽어준다.
  - "오늘 아침에 무슨 일이 있었나요?"
  - "오늘 왜 미키마우스 귀가 1개뿐이라고 표시했나요?"

♥ 헬퍼나라쌤의 TIP

- 등원 시간뿐만 아니라 하원 시간에 유아의 기분과 하루 일과를 평가하는 데 활용할 수 있다.
- 교사는 유아의 기분의 정도를 파악하여 개별적으로 상호작용할 수 있다.
- 기분 상태에 따라 자유놀이 대신 휴식 공간에서 쉴 수 있도록 한다.
- 매일 기분이 좋지 않은 유아가 있다면, 기록하여 학부모 상담을 요청할 수 있다.
- 유아와의 상호작용 내용을 학급일지에 기록하여 상담 자료로 활용한다.

17 선생님의 이름 찾기

내용 관계 형성하기 연령 만 4, 5세

    암호를 풀어나가는 크립텍스를 응용하여 선생님의 이름을 찾아보는 놀이이다. 이 과정을 통해 자연스럽게 유치원에 일하시는 선생님들의 역할에 대해 알아보고 만나면 반갑게 인사를 할 수 있도록 한다.

- 분유통, 골판지, 이름 글자 3줄, 선생님 사진 이름 카드(2개씩)

★ **놀이방법입니다!**

- 2명씩 나온다.
- 문제를 듣고 알맞은 선생님의 사진을 선택한다.
    - "재미있게 동화를 들려주시는 선생님은 누구일까요?"
    - "맛있는 간식을 준비해주시는 선생님은 누구일까요?"
    - "우리 유치원의 원장 선생님은 누구일까요?"
    - "가장 예쁜 선생님은 누구일까요?"
- 사진의 이름을 보며 분유통 글자를 돌린다.
- 사진 속 선생님의 이름이 완성되면 '빙고'라고 외친다.

♥ **그래쌤의 TIP**

- 크립텍스 활동은 다른 생활주제에도 내용을 변경하여 적용할 수 있는 한글놀이 이다. (예: 겨울옷을 찾아주세요 등)
- 선생님들의 이름을 찾아보면서 유치원에서 하시는 일을 함께 알아보고 감사하는 마음을 가질 수 있도록 지도한다.
- 크립텍스 제작 방법
    ① 분유통 표면에 골판지를 붙인다.
    ② 3줄의 종이에 이름이 한 글자씩 들어가도록 적는다.
    ③ 분유통에 코팅한 종이를 두른 후 끝부분을 테이프로 붙여준다.
    ④ 코팅된 종이가 돌아갈 수 있도록 테이프를 붙여주는 것이 좋다.

18 유치원에 도움 주시는 분들 퍼즐놀이

내용 관계 형성하기 **연령** 만 3, 4, 5세

팀별로 사진 조각을 맞추는 퍼즐놀이를 통해 유치원에 일하시는 분들(원장, 원감, 담임 교사, 방과후 교사, 영양교사, 자원봉사자, 버스 기사님 등)을 알아보고, 그 분들께 관심과 고마운 마음을 가질 수 있도록 돕는 활동이다.

★ 준비해주세요!

▪ 퍼즐 조각, 퍼즐판, 퍼즐사진

★ 놀이방법입니다!

▪ 팀을 나눠 모둠별로 앉는다.

▪ 유치원에 도움을 주시는 분들의 사진 퍼즐 조각을 바닥에 펼친다.

▪ 시작 신호에 따라 친구들과 함께 협력하여 퍼즐을 맞춘다.

▪ 다 맞춘 팀은 완성된 퍼즐 사진을 보고 이름을 외친다.

▪ 다른 팀이 다 맞출 때까지 기다린다.

▪ 모든 팀이 퍼즐을 완성하면, 사진 속 선생님께서 어떤 일을 하시는지에 대해 이야기 나눈다.

   − "버스 기사님은 우리를 안전하게 집까지 데려다줘요."

   − "방과후 선생님은 재미있게 동화를 들려줘요."

♥ 그래쌤의 TIP

▪ 얼굴의 중심이 되는 퍼즐 조각 1개를 붙여주고 시작한다.

▪ 퍼즐을 맞추는 방법을 다양하게 변형하여 시도할 수 있다.

   − 팀에서 1명씩 나와 모래시계가 다 떨어질 때까지 맞추는 릴레이게임

   − 주사위를 던져서 나온 개수만큼 맞히고 돌아오는 릴레이게임

▪ 유아의 발달 수준에 맞춰 만 3세는 4~6개, 만 4세는 6~8개, 만 5세는 8~10개 사이로 조절한다.

▪ 참고: 5세 유치원과 친구 P.66 −유치원에 도움을 주시는 분들 퍼즐놀이

19 알록달록 내 친구

내용 관계 형성하기 연령 만 3, 4, 5세

입학식 당일이나 첫 주에 많이 하는 놀이이다. 가위바위보를 해서 이기거나 음악에 맞춰 춤을 추다가 만난 친구들이 원하는 곳에 스티커를 붙여준다. 유아는 자신과 친구 얼굴에 붙은 스티커를 보고 웃으며 어색한 분위기를 깰 수 있다.

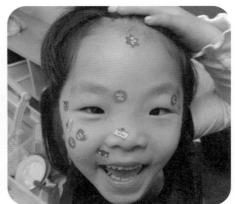

▪ 개인별 스티커, 유아들에게 친근한 동요(곰 세 마리, 작은별 등)

★ 놀이방법입니다!

▪ 노래를 부르며 교실을 돌아다니다 교사의 신호에 맞춰 두 명의 친구가 만난다.

▪ 두 명의 친구가 하이파이브(연령에 따라서는 가위바위보)를 한다.

▪ 상대에게 자신을 소개한다.

  – "내 이름은 ○○○야."

▪ 인사를 나눈다.

  – "○○야, 반가워."

▪ 친구가 원하는 곳에 스티커를 붙여주며 칭찬의 말을 건넨다.

  – "○○는 눈이 반짝반짝 예뻐."

  – "○○는 파랑색 옷이 너무 잘 어울려."

▪ 스티커를 얼굴에 붙인 채 사진을 찍어 함께 본다.

♥ 헬퍼나라쌤의 TIP

▪ 놀이에 익숙해지면 두 사람이 만나 가위바위보를 해서 이기는 사람이 진 사람에게, 진 사람이 이긴 사람에게 붙여주며 칭찬의 말을 할 수 있다.

▪ 손거울을 준비하거나 교실에 있는 거울을 통해 스티커가 붙은 자신의 얼굴을 볼 수 있도록 한다.

▪ 단체 사진은 인화하여 교실 환경판에 붙일 수 있다.

▪ 얼굴에 붙인 스티커를 종이에 붙여 땅따먹기 놀이로 이어갈 수 있다. 한 사람씩 스티커 점을 연결하여 세모 또는 네모 땅을 많이 만드는 사람이 승리하는 게임이다.

20 즐거운 얼음땡 인사

내용 관계 형성하기 연령 만 4, 5세

　선생님, 친구들과의 첫 만남에서 활용할 수 있는 놀이이다. '그대로 멈춰라' 동요에 맞춰 교실을 자유롭게 돌아다니며 친구들과 재미있게 인사를 나누다가 노래가 멈추면 얼음땡 놀이처럼 움직이지 않는 놀이다.

★ **준비해주세요!**

- '그대로 멈춰라' 동요, 블루투스 스피커

★ **놀이방법입니다!**

- '그대로 멈춰라' 동요에 맞춰 교실을 자유롭게 돌아다닌다.
- 친구와 만나 교사가 제시한 방법에 따라 인사를 나눈다.
  - "친구와 악수(안아주기, ET 인사, 손 흔들며 인사하기, 머리 위로 손 하트 만들며 인사하기 등) 를 하며 인사를 해봐요."
  - "안녕, 나는 정유진이야."
  - "만나서 반가워!"
- 노래가 멈추면 움직이지 않는다.
- 교사가 움직인 친구의 이름을 부른다.
- 이름이 불린 친구는 노래가 나와도 움직일 수 없는 얼음 상태가 된다.
- 다른 친구들은 노래가 나오면 돌아다니며 인사를 나눈다.
- 얼음이 된 친구에게 가서 '땡' 하고 어깨를 쳐주면 움직일 수 있다.

♥ **그래쌤의 TIP**

- 블루투스 스피커와 핸드폰을 통해 노래를 멈추면 편리하다.
- 유아가 움직여서 탈락하는 게임이 아니라 끝까지 친구들과 함께 할 수 있는 놀이 를 준비한다.
- 서로 눈을 마주치며 즐겁게 인사를 나누는 것을 목적으로 한다.

21 장난감 기차 출발합니다

내용 줄서기 연령 만 3, 4세

    친구들과 함께 장난감 기차 노래를 부르면서 기차가 되어보는 놀이이다. 기차에 타고 있다가 역에 도착하면 줄을 서서 내리고, 다시 역에서 줄을 서서 기차를 이용한다. 이때 줄을 서지 않으면 기차를 만들 수 없고, 서로 먼저 가려다 보면 부딪힌다는 것을 놀이를 통해 알 수 있다.

★ 준비해주세요!

- '장난감 기차' 동요, 백업 또는 줄, 정류장 표시 등

★ 놀이방법입니다!

- 교사는 기차의 앞에 서고, 기차 뒤에는 유아 1명을 세운다.
- 기차 안으로 모든 유아가 들어가 백업을 양 손으로 잡는다.
- '장난감 기차' 노래를 부르며 출발한다.

    ♬ 장난감 기차가 칙칙 떠나간다 과자와 사탕을 싣고서

    엄마 방에 있는 우리 아기한테 갖다주러 갑니다。

- 정류장에 도착하면 자유롭게 내린다.

    – "놀이집 정류장에 도착했습니다. 내리세요."

- 기차를 타기 위해서는 줄을 서서 기다린다.

    – "○○모둠 정류장으로 갑니다. 기차에 타세요."

- 줄을 섰을 때 좋은 점에 대해 이야기를 하며 평가한다.

    – "줄을 서보니 어떤 점이 좋았나요?"

    – "줄을 서지 않고 기차를 타면 어떤 일이 생길까요?"

♥ 헬퍼나라쌤의 TIP

- 백업을 잡고 가면서 넘어지지 않도록 안전에 유의하도록 한다.
- 백업은 유아가 잡기 편한 두께로 선택한다.
- 정류장을 알 수 있도록 표지판이나 그림 등으로 표시한다.
- 부딪힐 수 있는 물건이나 교구장을 한쪽 벽면으로 정리해 기차가 다닐 수 있는 큰 공간을 확보한다.

22 그대로 멈춰라!

내용 관계 형성하기 연령 만 3, 4, 5세

모든 연령의 유아가 가르쳐주지 않아도 쉽게 할 수 있는 놀이로 활동하기 전이나 어색한 분위기를 깰 때 활용할 수 있다. '그대로 멈춰라'에서 조금이라도 움직여 술래에게 잡힐까 봐 긴장하는 아이들의 재미있는 모습을 볼 수 있다.

⭐ 놀이방법입니다!

- ‘그대로 멈춰라!’ 노래에 맞춰 즐겁게 춤을 춘다.
- ‘그대로 멈춰라!’ 노래 후 움직이지 않는다.
- 움직인 사람은 벌칙을 수행하거나, 잠시 쉰다.
- 중간에 패자부활전을 통해 탈락한 유아들에게도 다시 기회를 준다.
    - 바른 자세로 기다린 유아는 다시 놀이 참여할 기회 제공하기
    - 탈락한 유아가 생기면, 먼저 탈락한 유아는 자동으로 놀이 참여 기회 갖기
    - 노래를 개사하여 탈락한 모든 유아 놀이 참여 기회 제공하기
    - “즐겁게 춤을 추다가 모두 들어오세요.”
- 놀이에 익숙해지면 가사를 바꾸어 놀이한다.
    - “즐겁게 춤을 추다가 다리를 들어라.”
    - “즐겁게 춤을 추다가 만세를 불러라.”
    - “즐겁게 춤을 추다가 바닥에 누워라.”
    - “즐겁게 춤을 추다가 사랑해 외쳐라.”

♥ 헬퍼나라쌤의 TIP

- 유아들이 마음껏 움직일 수 있도록 교구장을 옮겨 최대한 넓은 공간을 확보한다.
- 처음에는 교사가 조건을 제시하고, 익숙해지면 유아가 조건을 제시하며 놀이한다.

2주

유치원에서의
환경

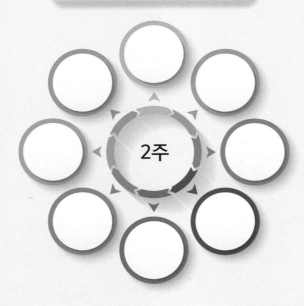

3월 2주 연령별 주간교육계획안 예시

20○○.○○유치원/어린이집 '만 3세' 제2주 교육계획안		생활주제	유치원과 친구
		주　제	스스로 할 수 있어요

목　표	• 유치원에서 내 스스로 해야 할 일에 대해 알아본다. • 유치원은 선생님, 친구들과 함께 즐겁게 지내는 곳임을 안다.			
날짜(요일) 활동	9일(월)	10일(화)	11일(수)	12일(목)	13일(금)
소주제	줄 서기	내 물건에 이름 쓰기	내 가방 정리하기	내 신발 정리하기	내 옷 걸기
맞이하기	· 눈 마주치기, 안아주기, 하이파이브, ET 인사, 손 점프 터치로 따뜻하게 맞아주기				
함께 모여 인사 나누기	· '안녕' 노래로 인사를 해요		· ○○는 어디 있나		
자유놀이 및 자율간식	유아가 하고 싶은 놀이하기				
함께하는 놀이	장난감 기차 출발합니다	내 물건에 이름 스티커를 붙여요	가방을 스스로 정리해요 5분 안전교육	뒤죽박죽 신발 정리하기	옷걸이에 옷을 걸어요
바깥 놀이	바깥놀이 장소를 바꾸며 놀이하기, 그대로 멈춰라				
가정통신문	♡ 이번 주는 유아가 자신의 가방이나 신발, 옷 등을 스스로 정리하는 방법에 대해 지도하려고 합니다. 가정에서도 유아들이 스스로 할 수 있도록 여유를 가지고 지켜봐주시기 바랍니다. ♡ 9일(월)은 유아들이 유치원에서 사용하는 물건에 자신의 이름 스티커를 붙여 소중히 다루고, 아껴 쓰도록 지도하고자 합니다. 유아들이 다 붙이지 못한 것은 가정으로 보내니 유치원에서 사용하는 물건에 이름 스티커를 모두 붙여서 11일(수)까지 보내주시기 바랍니다. ♡ 약을 보내주실 때는 투약의뢰서와 함께 1회 투약할 용량만 담아 보내주시기 바랍니다.				

※ 유치원의 상황 및 유아의 흥미에 따라 변동될 수 있습니다.

20○○.○○유치원/어린이집 '만 4세' 제2주 교육계획안		생활주제	유치원과 친구		
		주 제	유치원에서의 환경		

목 표	• 유치원에서 지켜야 할 약속에 대해 안다. • 유치원에서 친구와 선생님과 즐겁게 놀이한다.				
날짜(요일) 교육내용	3/9(월)	3/10(화)	3/11(수)	3/12(목)	3/13(금)
소주제	유치원에 와서 할 일	화장실 사용법	양치질 방법	손 씻기 방법	즐거운 놀이
등원 및 아침 인사	반갑게 인사하기, 출석체크하기				
자유 놀이 · 쌓기/역할	교실 속 화장실 역할놀이 급식실 사용법 알아보기				
자유 놀이 · 언어	쉿! 걱정하지마 선생님의 이름 찾기				
자유 놀이 · 과학/음률	치카 치카 이를 닦자				
정리정돈 및 평가 인사 및 간식	정리정돈하기, 자유놀이 평가하기, 하루 일과 정하기, 간식 5분 생활안전교육(월) • 인사: 코코코 내 친구				
대·소집단 활동	이야기 나누기	동화&역할	동요 & 수·조작	과학	자유놀이의 날
대·소집단 활동	유치원에 오면 (인사/신발/가 방/수첩/옷)	교실 속 화장실 역할놀이	치카 치카 이를 닦자	움직이는 세균 관찰하기	자유놀이의 날
바깥 놀이	큰 비눗방울 놀이	자유 공놀이		무궁화 꽃이 피었습니다	
점심	• 맛있게 점심 먹기 • 깨끗하게 양치질하기 • 자유선택활동				
가정통신문	♡ 2주에는 유치원이 즐거운 곳이라는 인식을 심어주어 적응을 도울 수 있는 활동들을 실시합니다. 또한 놀이를 통해 손 씻기, 양치질, 화장실 사용 방법에 대해 알아봄으로써 내 몸을 깨끗이 하는 습관을 가질 수 있도록 돕습니다. ♡ 3월에는 우리 반에서 지켜야 할 규칙과 기본생활습관에 대해 집중적으로 알아보고자 합니다. 되도록 결석을 하지 않도록 도와주시면 감사하겠습니다. ♡ 유치원 등·하교 시 교통안전에 특히 유념해서 안전하게 다닐 수 있도록 가정에서 지도바랍니다. 상황과 환경에 따라 활동이 융통적으로 변경될 수 있습니다.				

20○○.○○ 유치원/어린이집 '만 5세' 제2주 교육계획안		생활주제	유치원과 친구
		주 제	유치원에서의 환경

목 표	• 유치원에서 지켜야 할 약속을 정하고, 지킨다. • 새로운 친구와 선생님과 즐거운 시간을 보낸다.				
날짜(요일) 교육내용	3/9(월)	3/10(화)	3/11(수)	3/12(목)	3/13(금)
소주제	약속 정하기	화장실 사용법	양치질 방법	손 씻기 방법	즐거운 놀이
등원 및 아침 인사	반갑게 인사하기, 출석체크하기, 자유선택활동 계획하기				

자유 선택 활동	쌓기/역할	교실 속 화장실 역할놀이				
	언어	화장실 사용 예절 OX 퀴즈				
	수·조작	자유놀이				
	미술	나만의 사인 만들기	자유 그림 그리기			
	과학/음률	자유놀이				

정리정돈 및 평가	정리정돈하기, 자유선택활동 평가하기, 하루 일과 정하기				

대소 집단 활동	이야기 나누기	5분 안전교육 유치원에서의 약속 함께 정하기				
	동화/ 동시/동극					쉿! 걱정하지마
	신체/ 게임			구석구석 이를 닦기		
	음률/ 과학/역할		교실 속 화장실 역할놀이		움직이는 세균 관찰하기	
	미술/ 언어				손 씻기 홍보 동영상 만들기	
	바깥 놀이	큰 비눗방울 놀이, 지그재그 달리기, 자유 훌라후프 놀이, 산책				

가정통신문	♡ 2주에는 유치원이 즐거운 곳이라는 인식을 심어주어 적응을 도울 수 있는 활동들을 실시합니다. 또한 놀이를 통해 손 씻기, 양치질, 화장실 사용 방법에 대해 알아봄으로써 내 몸을 깨끗이 하는 습관을 가질 수 있도록 돕습니다. ♡ 3월에는 우리 반에서 지켜야 할 규칙과 기본생활습관에 대해 집중적으로 알아보고자 합니다. 되도록 결석을 하지 않도록 도와주시면 감사하겠습니다. ♡ 유치원 등·하교 시 교통안전에 특히 유념해서 안전하게 다닐 수 있도록 가정에서 지도바랍니다. 상황과 환경에 따라 활동이 융통적으로 변경될 수 있습니다.

01 유치원에서의 약속 함께 정하기

내용 일과 지도하기 연령 만 3, 4, 5세

유치원에서 지켜야 할 많은 규칙을 교사가 일방적으로 제시하기보다는 유아가 스스로 그 필요성을 알고 규칙을 만들어가는 활동이다. 함께 만든 규칙을 매일 읽어보면서 익숙해지도록 돕는다.

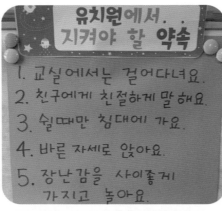

⭐ 준비해주세요!

- 8절지, 작은 종이(사인 종이), 매직, 네임펜, 풀, 가위, 인주

⭐ 놀이방법입니다!

- 교실을 한 바퀴 돌아보며 어떤 규칙이 필요한지 생각해본다.
- 우리 유치원에 필요한 규칙에 대한 생각을 모은다.
  - 긍정적인 문장으로 표현하기

    예) 교실에서는 뛰지 않아요 → 교실에서는 걸어다녀요
  - 유아가 기억하기 쉽게 규칙은 3~5개 정도로 정하기
- 우리 반의 규칙을 지키겠다는 다짐의 의미로 사인을 한다.
  - 만 3, 4세 중 이름을 못 쓰는 유아는 그림으로 대신하기
- 규칙을 다시 읽어보며 사인한 종이 위에 손도장을 찍는다.

♥ 그래쌤의 TIP

- 만 3세는 유치원에 어느 정도 적응하면 실시한다.
- 규칙을 잘 지키지 못하는 유아는 친구들이 친절하게 이야기해줄 수 있도록 연습을 해본다.
- 스스로 정한 규칙을 지킬 수 있도록 매일 읽어보는 시간을 갖는다.
- 매월 이와 같은 방법으로 유치원에서 지켜야 할 규칙을 정할 수 있다.
- 새로운 교실 환경을 충분히 탐색할 시간을 준다.
- 참고: 5세 유치원과 친구 P.50 – 우리 반에 필요한 약속을 정해요

    3세 유치원과 친구 P.134 – 우리 반에서는 어떤 규칙을 지켜야 할까요?

02 딩동댕 화장실 사용 순서 알아보기

내용 **화장실 사용하기** 연령 **만 4, 5세**

　소집단으로 이야기를 나누면서 화장실의 바른 사용 방법을 알아보는 활동이다. 화장실 사용 순서에 대한 자신의 의견을 자유롭게 교환하면서 화장실의 바른 사용법을 알 수 있다.

▪ 화장실 사용 방법이 그려진 그림

⭐ **놀이방법입니다!**

▪ 모둠별로 동그랗게 앉는다.

▪ 화장실 방법이 그려진 종이를 모둠별로 나눠준다.

▪ 유아들은 그림을 보며 순서에 대해 서로 이야기를 나눈다.

▪ 화장실 사용 순서대로 그림을 놓는다.

　① 슬리퍼를 신는다.

　② 문을 두드린다.(여자)

　③ 겉옷과 속옷을 내린다.

　④ 변기에 소변을 본다.

　⑤ 물을 내린다.

　⑥ 옷을 입는다.

　⑦ 손을 씻는다.

　⑧ 슬리퍼를 정리한다.

▪ 순서가 모두 맞춰지면 박수를 3번 친다.

▪ 모둠별로 화장실 사용 순서에 대해 발표한다.

💗 **헬퍼나라쌤의 TIP**

▪ 유아들이 화장실 사용 순서에 대해 스스로 알아갈 수 있는 시간을 주도록 한다.

▪ 혹시 순서가 맞지 않을 경우 다시 생각해 볼 수 있는 기회를 제공한다.

▪ 화장실 사용 순서 그림 자료를 화장실에 붙여준다.

▪ 참고: 3세 유치원과 친구 P. 75 – 화장실에 가고 싶어요(그림 활용)

03 화장실 사용 예절 OX 퀴즈

내용 화장실 사용하기 연령 만 4, 5세

    화장실 사용과 관련된 동시, 동화, 역할놀이 등을 통해 어느 정도 방법을 익힌 후에 배운 내용을 다시 확인할 때 할 수 있는 활동이다. 이야기 나누기와 OX 퀴즈를 통해 화장실에서 지켜야 할 예절과 깨끗하고 안전하게 사용하는 방법에 대해 더욱 구체적으로 알아본다.

- 화장실 사용 예절(10마리의 동물이 전하는 화장실 예절) PPT, OX 퀴즈 플래시

★ **놀이방법입니다!**

- 화장실의 사용 예절에 관해 PPT를 보며 이야기 나눈다.
  - 화장실에 들어갈 때에는 노크하기, 용변을 본 후에는 물을 내리기, 슬리퍼를 사용하고 사용 후에는 정리하기, 놀이 중 화장실에 가고 싶다는 생각이 들면 참지 않고 바로 가기, 화장지를 적당히 사용하기(4~6칸, 접어서 사용하기), 화장실에 있는 친구 몰래 보지 않기, 화장실에서 나오면 손을 깨끗이 씻기, 차례 지키기, 쓰레기통에 화장지 버리기 등
- 화장실 사용 예절과 관련된 OX 퀴즈를 맞힌다.
  - 급하면 노크를 하지 않고 화장실로 들어 갈 수 있다.(X)
  - 대변을 본 후에는 꼭 물을 내린다.(O)
  - 놀이가 재미있으면 화장실에 가고 싶어도 꾹 참는다.(X)
  - 화장실에 다녀온 후 실내화를 꼭 정리한다.(O)
  - 아무도 없으면 문을 열고 소변을 볼 수 있다.(X)
  - 친구가 소변을 볼 때 몰래 봐도 된다.(X)
  - 소변을 본 후 깨끗이 손을 씻는다.(O)

♥ **그래쌤의 TIP**

- OX 퀴즈 플래시의 내용은 메모장의 내용을 바꿔 수정이 가능하다.
- 문제를 낼 때 용어를 쉽게 풀이해서 내도록 한다.
- 참고: 4세 건강과 안전 P.103 – 화장실 사용 예절(PPT 활용)

04 교실 속 화장실 역할놀이

내용 화장실 사용하기 연령 만 3, 4세

비좁은 화장실은 안전사고의 위험이 있으므로 교실로 화장실을 옮겨왔다. 특히, 어린 연령의 유아에게 도움이 되는 활동으로 화장실 들어가기, 화장지 뜯기 등 세세한 부분까지 교실 속 화장실에서 연습을 하면서 대소변 처리법을 익힐 수 있다.

- 화장실 표시, 의자, 화장지걸이, 화장지, 휴지통, 역할놀이 세면대, 수건 또는 종이 타올

★ 놀이방법입니다!

- 화장실 사용법에 대해 이야기를 나눈다.
- 1명씩 나와 화장지를 4~6칸 뜯어 접어본다.
- 화장지로 대소변 처리를 연습해본다.
- 화장실 역할놀이를 한다.
  - 노크를 하고 화장실에 들어가 볼 일을 본다.
  - 화장지를 4칸 뜯어 대소변 처리를 한다.
  - 화장지를 휴지통에 버리고, 물을 내린다.
  - (다른 친구가 노크를 하면) 사람이 있음을 노크 또는 말로 표현한다.
  - 손을 씻고 수건으로 닦는다.

♥ 그래쌤의 TIP

- 화장실에서 일어날 수 있는 일을 그림을 통해 알아본다.
  - 노크를 하지 않고 들어간 경우, 용변 후 물을 내리지 않는 경우 등
- 만 3세 유아는 소그룹별로 화장실에 가서 지도할 수 있다.
- 만 3세 유아는 단계별로 화장지 뜯기, 접기 등을 직접 해볼 수 있도록 한다.
- 참고: 3세 유치원과 친구 P.75 – 응가를 했어요(동화, 화장실 사용 방법, 순서 그림 활용 가능)

05 대문 놀이

내용 줄서기 연령 만 3, 4, 5세

　대문 놀이를 즐겁게 하기 위해서는 줄서기가 기본이다. 하지만 유아들은 무조건 대문을 향해 달려가려다 친구들과 부딪히게 된다. 부딪히게 된 이유에 대해 이야기를 나누며 줄서기의 필요성을 알고, 즐겁게 대문 놀이를 한다.

★ 놀이방법입니다!

- 대문을 만들 유아를 2명 정한다.

- 나머지 유아는 노래를 부르며 대문을 통과한다.

  ♬ 동동동대문을 열어라.

  남남남대문을 열어라.

  12시가 되면 문을 닫는다.

- 대문을 통과했을 때 생긴 문제에 대해 이야기를 나눈다.

  – "서로 대문을 통과하려고 하니 어떤 일이 생겼나요?"

  – "부딪히지 않게 대문을 통과하려면 어떻게 해야 할까요?"

- 한 줄 기차를 서서 대문을 통과한다.

- 다시 대문 놀이를 한다.

- 줄을 서서 대문을 통과할 때 좋은 점에 대해 이야기를 나눈다.

- 유치원에서 줄 서기를 해야 하는 장소에 대해 이야기를 나눈다.

  – 물을 마실 때, 손을 씻을 때, 화장실 갈 때, 급식실(바깥놀이터) 갈 때 등

♥ 헬퍼나라쌤의 TIP

- 유아들이 대문 놀이를 하며 줄을 서지 않았을 때 어떤 문제가 생기는지 직접 경험한 후 이야기 나누도록 한다.

- 처음에는 2명이 만든 대문을 통과하다가 문이 닫혀 통과하지 못한 유아들이 대문을 더 넓게 만들며 놀이할 수 있다.

06 친구와 텔레파시

내용 관계 형성하기 연령 만 3, 4, 5세

진행자가 제시하는 두 개의 그림(놀이, 음식, 동물 등)을 보고 좋아하는 것을 골라 동시에 외쳐보는 놀이이다. 텔레파시 놀이를 통해 친구와 같은 점과 다른 점 등을 자연스럽게 알아가면서 친밀해질 수 있다.

★ **준비해주세요!**

▪ 선택 카드

★ **놀이방법입니다!**

▪ 진행자와 게임에 참여할 2명을 정한다.

▪ 2명은 서로 손을 잡고 마주본다.

▪ 진행자가 선택 카드를 보여준다.

　– "다람쥐와 병아리입니다. 둘 중에 마음에 드는 것을 고르세요."

▪ 진행자가 '하나 둘 셋' 구호를 외치면 바로 대답한다.

　– 예) 쌓기놀이 대 역할놀이, 치킨 대 피자, 병아리 대 다람쥐, 사과 대 포도, 자장
　　면 대 짬뽕, 엄마 대 아빠 등

▪ 짝과 같은 마음이 몇 번이었는지 확인한다.

♥ **그래쌤의 TIP**

▪ 선택지를 빠르게 결정하지 못하는 경우 시간을 늘려준다.

▪ 그림 카드로 선택지를 준비하여 유아의 선택을 돕는다.

▪ 성공하면 '사랑해', 실패하면 '미안해' 라고 이야기할 수도 있다.

▪ 사전 · 후 활동으로 친구와 같은 점과 다른 점을 이해하는 '달라도 괜찮아' (동시, 4
　세 유치원과 친구 P.170)를 감상할 수 있다.

▪ 짬놀이로 참참참, 디비디비딥 등의 활동을 한 후 텔레파시 놀이를 할 수 있다.

07 유아 수첩 날짜 찾아보기

내용 일과 지도하기 **연령** 만 3, 4세

"선생님 스티커 어디에 붙여요?" 3월이면 어김없이 아이들이 등원하자마자 교사를 쫓아 다니며 하는 말이다. 아직 숫자를 모르는 유아들에게는 자신의 수첩에서 오늘의 날짜를 찾아 스티커를 붙이는 것이 어렵다. 유아들과 수첩에 나온 숫자 찾기 놀이를 통해 수첩과 날짜 숫자에 익숙해지는 시간을 가져보도록 한다.

★ 준비해주세요!

- 유아 수첩 확대(140%) 복사본 1장(교사용, 개별 유아용), 스티커, 교사용 칠판, 보드마카, 유아 개인용 수첩

★ 놀이방법입니다!

- 수첩을 복사한 종이에 있는 숫자를 살펴본다.
- 교사는 스티커를 붙일 날짜 숫자를 칠판에 크게 적어준다.
- 해당 날짜 숫자를 복사된 수첩에서 찾는다.
- 찾은 유아는 스티커를 붙인다.
- 수첩 날짜 숫자 찾기 놀이를 반복한다.
- 자신의 수첩에서 오늘의 날짜 숫자를 찾아 스티커를 붙인다.

♥ 헬퍼나라쌤의 TIP

- 숫자 찾기에 익숙해지거나 만 4세 유아는 날짜 숫자를 찾은 후 '빙고'라고 외칠 수 있다.
- 달력을 사용해 숫자 찾기 놀이를 할 수 있다.
- 만 3세 유아의 경우에는 충분한 시간을 가지고, 10미만의 수를 천천히 찾아볼 수 있도록 한다.

08 내 옷 스스로 정리하기

내용 정리정돈하기 연령 만 3, 4세

유아 수가 많거나 어린 연령의 학급에서는 옷이 서로 바뀌거나 옷을 못 찾아 우는 유아가 있다. 유아들의 이름표가 달린 옷걸이를 만들어주어 자신의 옷을 스스로 걸어 정리하고, 찾아 입도록 돕는 활동이다.

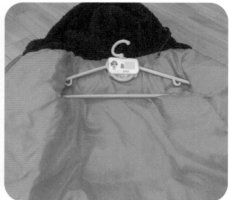

★ 준비해주세요!

- 옷걸이, 개인 이름표

★ 놀이방법입니다!

- 유아들의 이름표가 붙어 있는 옷걸이를 바닥에 놓아둔다.
- 교사의 신호에 맞춰 자신의 옷걸이를 찾는다.
- 자신의 옷걸이에 옷을 걸어본다.
  ① 옷을 바닥에 넓게 펼친다.
  ② 옷 위에 옷걸이를 올려놓는다.
  ③ 옷걸이 양 끝에 옷의 팔 부분이 올 수 있도록 한다.
  ④ 단추나 지퍼를 잠근다.
  ⑤ 행거에 자신의 옷을 정리한다.
- 친구와 옷을 바꿔서 연습해본다.

♥ 헬퍼나라쌤의 TIP

- 만 3세 유아의 옷걸이에는 사진을 넣어주어 쉽게 찾을 수 있도록 한다.
- 아침시간에 충분한 여유를 가지고 스스로 옷을 정리하도록 한다.
- 유아의 옷걸이는 끝이 날카롭지 않은 둥근 옷걸이나 유아용 논슬립 옷걸이를 사용한다.
- 단추가 많은 옷은 위의 1~2개만 잠가 바깥 활동 시 쉽게 입고, 정리하도록 한다.
- 만 3세 반은 스탠드형 옷걸이를 사용해 쉽게 옷을 정리하고 입도록 할 수 있다.
- 옷걸이 이름표 출처 https://m.blog.naver.com/amondebong/221223594161

09 구석구석 이 닦기

내용 양치질하기 연령 만 3, 4, 5세

　대충 양치질을 할 경우 이에 끼어있는 음식을 모두 제거할 수 없음을 알게 하는 활동이다. 페트병의 뒷부분을 활용한 치아 모형을 만들어 유아가 구석구석 이를 닦아볼 수 있도록 돕는다.

★ **준비해주세요!**

▪ 투명 페트병, 헌 칫솔, 빨간색 펠트지, 검정색 보드펜, 치아 모형

★ **놀이방법입니다!**

▪ 치아 모형의 어금니를 직접 만지고 살펴본 후 이야기를 나눈다.

  – "이가 평평하지 않고 살짝 들어가 있는 것이 느껴지나요?"

  – "초콜릿을 먹으면 어금니의 살짝 파인 부분에 끼게 되요."

▪ 교사가 페트병 치아 모형에 보드펜으로 이에 끼어 있는 음식을 그린다.

▪ 1명의 유아가 칫솔로 이를 닦는 시범을 보인다.

  – "1~2번만 칫솔질을 할 경우 깨끗하게 이가 닦일까요?"

▪ 유아당 1개의 페트병 치아 모형을 나눠준다.

▪ 유아 또는 교사가 보드펜으로 이에 끼어있는 음식을 그린다.

▪ 유아가 칫솔을 이용하여 이를 닦는다.

  – "깨끗하게 이를 닦으려면 구석구석 닦는 것이 중요해요."

♥ **그래쌤의 TIP**

▪ 치아 모형 제작 방법

  ① 페트병 아래쪽을 기준으로 10cm 높이로 자른다.

  ② 페트병 안쪽을 흰색 아크릴 물감으로 색칠한다. (페트병에 보드펜을 칠해 칫솔로 닦아야 하므로 안쪽에 색칠해야 한다)

  ③ 펠트지로 입 모양을 만든 후 그 위에 페트병을 놓는다. (보관과 소그룹 활동을 위해 펠트지 위에 붙이지 않는다)

▪ 자료 확보가 어렵다면 소그룹으로 활동할 수 있다.

10 이에 낀 과자를 찾아라

내용 양치질하기 연령 만 3, 4, 5세

즐겁게 이를 닦는 습관을 기를 수 있도록 과자를 먹고 양치질 전후의 입속을 관찰하는 놀이이다. 이를 통해 음식물이 이에 남아 있을 수 있음을 알고, 바른 양치질 방법을 알아본다.

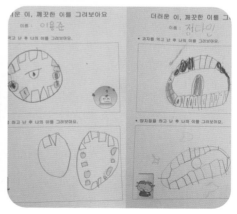

⭐ 준비해주세요!

- 손거울, 초코 과자, 활동지, 치아 모형, 칫솔

⭐ 놀이방법입니다!

- 손거울로 내 입안을 관찰한다.
- 과자를 먹으면서 손거울로 입안을 관찰한다.
- 이에 끼어 있는 과자를 그린다.
- 치아 모형을 이용하여 양치질 방법을 알아본다.
- 유아가 직접 나와 치아 모형으로 양치질 시범을 보인다.
- 양치질을 한다.
- 양치질 후 깨끗해진 이를 관찰하여 그린다.
- 양치 전후 그림을 비교하여 양치질의 필요성에 대해 이야기를 나눈다.

♥ 그래쌤의 TIP

- 과자가 잘 보이도록 검정색 종류의 과자를 준비한다.
- 손거울은 가정에서 가지고 올 수 있도록 미리 안내한다.
- 립스틱을 이용하여 입모양을 찍어낼 수도 있다.
- 참고: 3세 건강과 안전 P.147 – '공주의 이는 왜 그렇게 되었을까' 동화

11 양치질 연습하기

내용 **양치질하기** 연령 만 3, 4, 5세

유아들은 친구들과 빨리 놀고 싶어 양치질을 대충하는 경우가 많다. 정확한 양치 방법을 알려주어 건강한 치아와 바른 양치 습관을 가질 수 있게 지도한다.

준비해주세요!

▪ 헌 칫솔, 코팅된 치아 그림이나 사진, 검정색 보드마카, 손인형

놀이방법입니다!

▪ 사랑이의 이야기를 듣고, 양치 방법을 배워본다.

 – "나는 사랑유치원의 사랑이야. 나는 양치질하는 것을 좋아해서 하루 3번 양치질을 열심히 했는데 이가 다 썩어버렸어. 치과에 가서 의사 선생님께 물어보니 양치질을 정확하게 해야 한데. 난 그동안 빨리하고 놀려고 대충했거든. 내가 배워온 방법을 알려줄게. 함께 해보자. 어때?"

▪ 코팅된 치아 그림에 검정색 보드마카로 음식물을 표시한다.

 – "이에 보이는 검정색 부분은 무엇일까요?"

▪ 사랑이의 말대로 양치질을 해본다.

 – 윗니: 잇몸부터 시작해서 위에서 아래쪽으로 쓸어 올려주기

 – 아랫니: 잇몸부터 시작해서 아래에서 위쪽으로 쓸어 올려주기

 – 어금니: 씹는 부분 앞뒤로 왔다 갔다 하면서 닦아주기

 – 혀: 안쪽에서 바깥쪽으로 닦아주기

▪ 거울을 준비하여 자신의 양치질 모습을 관찰할 수 있도록 한다.

♥ **헬퍼나라쌤의 TIP**

▪ 영구치가 나기 시작하면 위의 방법대로 양치질하는 습관을 바꾸도록 하며, 어려워할 경우나 영구치가 아닌 유치 상태의 경우에는 앞니부터 어금니까지 넓은 원을 그리면서 양치하도록 한다.

▪ 가정과 연계하여 '1일, 3번, 3분' 양치하는 습관을 기를 수 있도록 한다.

▪ 학기 초에는 교사가 개별적으로 바른 양치질 습관을 지도한다.

12 내 칫솔과 내 컵 찾기

내용 양치질하기 연령 만 3세

유아들은 개인 칫솔과 양치컵을 사용한다. 이름을 적거나 사진을 붙여놨음에도 자신의 칫솔과 양치컵을 찾지 못해 친구들과 바뀌는 경우가 있다. 개인위생을 위해 자신의 칫솔과 컵을 정확하게 찾을 수 있도록 한다.

★ **준비해주세요!**

- 이름이 표기된 유아 개인 칫솔, 양치컵, 비닐

★ **놀이방법입니다!**

- 칫솔을 바닥에 놓아둔다.
- 노래에 맞춰 춤을 춘다.

  ♬ '즐겁게 춤을 추다가 그대로 멈춰라'

  '즐겁게 춤을 추다가 내 칫솔 찾아라'

- 유아들은 노래에 맞춰 자신의 칫솔을 찾는다.
- 칫솔을 찾은 유아는 비닐 밖 자신의 자리로 돌아온다.
- 같은 방법으로 양치컵을 찾도록 한다.
- 놀이를 반복해 자신의 칫솔과 양치컵을 정확하게 찾도록 한다.

♥ **헬퍼나라쌤의 TIP**

- 칫솔에 먼지가 묻을 수 있으니 교실 바닥에 비닐이나 종이를 깔고 하거나 놀이 후에는 칫솔을 깨끗하게 세척한 후 사용하도록 한다.
- 자신의 칫솔을 스스로 찾을 수 있도록 충분한 시간을 제공한다.
- 만 3세 유아의 경우 칫솔과 양치컵에 유아의 사진이 있는 네임택을 사용하면 편리하다.
- 양치컵과 칫솔은 매일 깨끗하게 소독하여 사용한다.
- 양치 후 칫솔에 치약이나 이물질이 남지 않도록 깨끗하게 씻어야 한다는 것을 알려준다.

13 이에 좋은 음식, 나쁜 음식 분류하기

내용 양치질하기 연령 만 3, 4, 5세

이에 좋은 음식과 나쁜 음식을 분류해보는 활동이다. 이를 통해 이에 나쁜 음식은 줄이고 좋은 음식은 많이 먹을 수 있도록 반복적으로 지도한다.

▪ 이에 좋은 음식/나쁜 음식 그림, 기분 좋은 이/슬픈 이 활동지, 가위, 풀

★ 놀이방법입니다!
▪ 이에 좋은 음식과 나쁜 음식을 분류해본다.
▪ 기분 좋은 이와 슬픈 이 활동지를 각각 자른다.
▪ 기분 좋은 이 활동지에는 이에 좋은 음식을 붙인다.
  − 시금치, 우유, 멸치, 밥, 두부, 견과류, 각종 과일, 채소 등
▪ 슬픈 이 활동지에는 이에 나쁜 음식을 붙인다.
  − 사탕, 초콜릿, 얼음, 아이스크림, 과자, 콜라 등
▪ 이에 좋은/나쁜 음식을 분류한 작품을 보며 이야기를 나눈다.
  − "초콜릿을 많이 먹으면 이가 어떻게 될까요?"
  − "이가 튼튼해지려면 어떤 음식을 먹어야 할까요?"

♥ 그래쌤의 TIP
▪ 초콜릿, 사탕, 캐러멜 등은 이에 달라붙어 충치가 생기기 쉬움을 강조한다. 먹고 난 후에는 가글을 할 수 있도록 지도한다.
▪ 이 활동은 건강과 안전의 '깨끗한 몸과 마음' 주제에도 적용해볼 수 있다.

14 음식 볼링 빙고 게임

내용 양치질하기 연령 만 4, 5세

이에 좋은 음식과 나쁜 음식 그림이 붙어 있는 볼링핀을 쓰러뜨리는 게임이다. 쓰러진 볼링핀의 그림을 확인하여 빙고판에 이에 좋은 음식과 나쁜 음식 그림을 붙여준다. 이에 좋은 음식을 먼저 채우는 팀이 승리하는 빙고 게임이다.

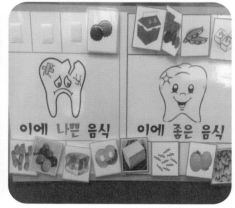

- 이에 좋은 음식과 나쁜 음식 그림, 볼링 빙고판, 이에 좋은 음식과 나쁜 음식 그림이 붙어 있는 볼링핀, 볼링공

★ 놀이방법입니다!

- 볼링핀에 붙어 있는 그림을 보며 이에 좋은 음식과 나쁜 음식에 대해 이야기를 나눈다.
- 2팀으로 나눈다.
- 6개의 볼링핀을 준비한다.
- 팀에서 1명씩 나와 볼링공을 굴린다.
- 쓰러진 볼링핀의 그림을 확인한다.
- 쓰러진 볼링핀의 수만큼 해당 판에 그림을 붙인다.
  - 예) 이에 좋은 음식 볼링핀이 2개 쓰러지면 좋은 음식 빙고판에 2개 그림 붙이기, 이에 나쁜 음식 볼링핀이 1개 쓰러지면 나쁜 음식 빙고판에 1개 붙이기
- 이에 좋은 음식 빙고판을 먼저 채운 팀이 승리한다.
- 이에 나쁜 음식 빙고판이 먼저 채워지면 상대 팀이 승리한다.

♥ 그래쌤의 TIP

- 볼링핀은 좋은 음식 4개, 나쁜 음식 2개의 비율로 6개 정도 준비한다.
- 쓰러진 볼링핀의 음식이 좋은 음식인지 나쁜 음식인지 스스로 확인하여 점수판 (빙고판)에 붙일 수 있도록 한다.
- 이 활동은 건강과 안전의 '깨끗한 몸과 마음' 주제에도 적용해볼 수 있다.

15 뽀드득 뽀드득 깨끗이 손 씻기

내용 손 씻기 연령 만 3, 4, 5세

많은 질병의 원인이 되는 세균이 손을 통해서 전염되지만, 눈에 보이지 않기 때문에 손 씻기를 소홀히 하는 유아가 많다. 손을 씻어야 하는 때와 씻는 이유, 6단계 손 씻기 방법 등에 대한 구체적인 이야기 나누기를 통해 바르게 손을 씻는 습관을 길러준다.

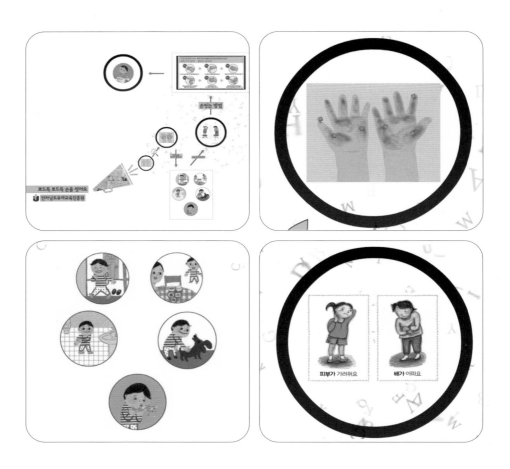

⭐ 준비해주세요!

- 프레지 이야기 나누기 자료

⭐ 놀이방법입니다!

- 육안으로는 깨끗해 보이지만 손에 많이 있는 세균에 대해 이야기를 나눈다.
  - "깨끗해 보이는 손에 세균이 있을까요?"
  - "눈에 보이지 않지만, 손에는 왜 이렇게 세균이 많을까요?"
  - "만약 이렇게 더러운 손을 입에 대거나 음식을 먹으면 어떻게 될까요?"
- 손을 씻어야 하는 상황에 대해 이야기 나눈다.
  - "밖에서 들어왔을 때(화장실에 다녀온 후, 음식을 먹기 전, 재채기를 한 후, 동물을 만진 후)는 왜 손을 씻어야 할까요?"
- 손을 씻지 않을 경우 생길 수 있는 일에 대해 이야기 나눈다.
- 단계별 손 씻기 자료를 보며 손 씻는 방법에 대해 알아본다.
- 손 씻기 송을 들으며 손 씻는 모습을 흉내내본다.

♥ 그래쌤의 TIP

- 일과 중에 식품의약품안전청에서 나온 '뽀드득 뽀드득' 노래나 손 씻기 송을 통해서 즐겁게 손 씻기를 생활화할 수 있도록 돕는다.
- 단계별 손 씻기 그림 자료를 세면대에 붙여주어 유아들이 스스로 손을 깨끗이 씻는 습관을 기를 수 있도록 한다.
- 참고: 3세 건강과 안전 P.91 – 깨끗한 나의 손
  3세 건강과 안전 P.106 – 뽀드득 뽀드득 손을 씻어요

16 더러운 세균을 잡아라

내용 손 씻기 **연령** 만 3, 4, 5세

주사위를 던져 깨끗한 손이 나오면 활동판의 세균 카드를 손 씻는 순서로 바꾸는 수·조작 활동이다. 게임에 즐겁게 참여하면서 손을 씻는 방법을 구체적으로 익힐 수 있도록 돕는다.

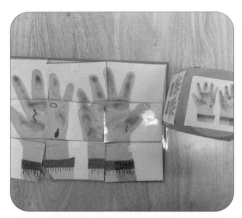

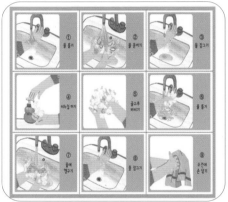

★ 준비해주세요!

- 깨끗한 손이 그려진 퍼즐판 2개, 더러운 손이 그려진 퍼즐 조각 9개(뒷면에 손 씻는 순서 그림), 깨끗한 손과 더러운 손이 그려진 주사위 1개, 손 씻기 순서판 2개

★ 놀이방법입니다!

- 팀별로 퍼즐판과 손 씻기 순서판을 나눠 갖는다.
- 가위바위보를 통해 순서를 정한다.
- 주사위를 던져서 깨끗한 손 그림이 나오면 더러운 손 퍼즐 조각 한 개를 뗀다.
- 더러운 손 퍼즐 조각 뒷면의 손 씻기 순서 그림을 손 씻기 순서판에 순서대로 붙인다.
- 깨끗한 손 그림이 나온 팀에서 주사위를 한 번 더 던진다.
- 더러운 손 그림이 나오면 상대팀에게 기회가 넘어간다.
- 손 씻기 순서판에 순서대로 그림을 모두 놓아 퍼즐판에 있는 깨끗한 손 그림이 나오면 게임이 끝난다.
- 완성된 손 씻기 순서판을 보며 이야기를 나눈다.

♥ 그래쌤의 TIP

- 손을 씻을 때 옷이 젖지 않도록 물세기를 조절하거나 소매 걷기, 물 절약 방법도 함께 이야기 나눈다.
- 자유놀이 시간 또는 대집단 활동으로 진행할 수 있다.
- 손 씻기 6단계에 맞춰 손을 씻는 방법을 퀴즈로 낼 수도 있다.
- 참고: 4세 건강과 안전 P.88 − 세균을 잡아라

17 움직이는 세균 관찰하기

내용 손 씻기 연령 만 3, 4, 5세

　손에 있는 세균이 몸이나 다른 장난감으로 옮겨가는 모습을 밀가루를 통해 자연스럽게 확인할 수 있다. 세균이 옮겨가는 모습을 통해 손 씻기의 필요성을 알고 생활화할 수 있도록 돕는다.

- 밀가루, 장난감

★ **놀이방법입니다!**

- 모래놀이 후 손에 묻은 세균에 대해 이야기 나눈다.
  - "세균이 묻은 손으로 장난감을 만지면 어떻게 될까요?"
- 유아의 손에 밀가루를 묻힌다.
- 유아의 손에 묻은 밀가루를 세균이라고 생각하고 살펴본다.
- 밀가루를 묻힌 유아가 친구와 손을 잡는다.
- 친구의 손을 살펴보며 이야기를 나눈다.
- 밀가루(=세균)가 옮겨가는 경로를 친구들과 살펴본다.
- 밀가루를 묻힌 손으로 장난감을 만져본다.
- 밀가루가 묻은 장난감을 살펴보며 이야기를 나눈다.
- 언제 손을 씻어야 하는지에 대해 이야기 나눈다.

♥ **그래쌤의 TIP**

- 유아들이 진지하게 세균이 옮겨가는 과정을 관찰할 수 있도록 게임보다는 관찰 위주의 이야기 나누기를 실시한다.
- 지역 보건소에서 손에 있는 세균을 육안으로 확인할 수 있는 '뷰박스'를 빌려 수업에 활용할 수 있다.

18 손 씻기 홍보 동영상 만들기

내용 손 씻기 연령 만 3, 4, 5세

    다양한 활동을 통해 손 씻기가 익숙해지면, 1~2명씩 나와서 단계별 손 씻기는 방법을 촬영한다. 홍보 동영상은 가정에 소개하여 올바른 손 씻기 방법을 함께 지도할 수 있다.

★ 준비해주세요!

- 비누, 수건, 카메라, 역할놀이 세면대

★ 놀이방법입니다!

- 손을 씻어야 하는 때에 대해 알아본다.
    - 동물을 만졌을 때, 바깥 놀이 후, 식사 전, 기침 후, 용변 후 등
- 손 씻기 6단계에 대해 알아본다.
    ① 손바닥과 손바닥을 마주대고 문질러준다.
    ② 손가락을 마주잡고 문질러준다.
    ③ 손등과 손바닥을 마주대고 문질러준다.
    ④ 엄지손가락을 다른 편 손바닥으로 돌려주며 문질러준다.
    ⑤ 손바닥을 마주대고 손깍지를 끼고 문질러준다.
    ⑥ 손가락을 반대편 손바닥에 놓고 문지르며 손톱 밑을 깨끗하게 한다.
- 1~2명씩 나와 단계별 손 씻는 방법을 1컷씩 나눠 촬영한다.
- 편집된 홍보 동영상을 보며 손 씻기 방법을 익힌다.

♥ 그래쌤의 TIP

- 홍보 동영상을 홈페이지나 SNS를 통해 안내하여 가정과 연계 지도한다.
- 'Quick' 어플을 활용하여 쉽게 동영상 편집을 할 수 있다.
- 역할놀이 세면대, 수건, 비누 등을 소품으로 활용할 수 있다.

19 친구와 함께 미션 수행하기

내용 관계 형성하기 연령 만 4, 5세

친구와 만날 때마다 함께 다양한 미션을 수행한다. 이를 통해 친구와 스킨십을 하거나 사랑의 말을 주고받으면서 자연스럽게 친밀해질 수 있도록 돕는다.

- 미션 종이, 바구니, 동요

★ **놀이방법입니다!**

- 친구와 함께할 수 있는 미션에 대해 이야기를 나눈다.
    - 팔씨름, 포옹, 하이파이브, 사랑해(최고야, 예뻐 등) 말해주기, 안마해주기, 뽀뽀하기, 업어주기, 엉덩이로 이름쓰기, 디비디비딥 등
- 1인당 3개씩 미션 종이를 만든다.
- 종이가 든 미션 통을 교실의 여러 곳에 둔다.
- 동요에 맞춰 자유롭게 돌아다니다가 음악이 멈추면 두 명씩 만나 가위바위보를 한다.
- 가위바위보에서 이긴 사람이 미션 종이를 뽑는다.
- 친구와 함께 미션을 수행한다.
- 미션을 성공하면 얼굴이나 옷에 스티커를 붙여준다.
- 활동 후 느낌에 대해 이야기를 나눈다.

♥ **그래쌤의 TIP**

- 미리 미션 내용의 그림 자료를 준비하여 유아가 참고하거나 그림을 잘라 붙일 수 있도록 한다.
- 음악이 멈추었을 때 교사가 말한 인원 수만큼 모여 미션을 함께 수행하는 방법도 있다.

20 징검다리 가위바위보

내용 줄서기 연령 만 5세

게임을 통해 차례를 지키고 줄을 서는 법에 대해 알아볼 수 있는 활동이다. 또한 게임을 더욱 재미있게 하려면 줄서기 규칙을 잘 지켜야 함을 자연스럽게 알 수 있다.

★ 준비해주세요!

- 징검다리 표시판

★ 놀이방법입니다!

- 양 끝에 2팀으로 나눠 줄을 선다.
- 각 팀의 앞 사람끼리 가위바위보를 한다.
- 이긴 사람의 팀원은 모두 1칸씩 앞으로 간다.
- 진 사람은 자기 편 줄의 맨 끝으로 가고, 팀원들은 그대로 있는다.
- 가위바위보를 반복하여 상대팀까지 먼저 가면 승리한다.
- 게임 후에 평가한다.
  - "징검다리를 건널 때 줄을 서지 않으면 어떻게 될까요?"

♥ 그래쌤의 TIP

- 징검다리 표시판은 약 10개 정도 놓는다.
- 다양한 방법으로 징검다리를 건너면서 줄서기 놀이를 할 수 있다.
  - 징검다리 자유롭게 건너기, 징검다리 모양을 달리하면서 건너기, 징검다리 폭을 달리하여 건너기, 혼자서/친구와 함께 징검다리 건너기 등
- 참고: 4세 유치원과 친구 P.198 – 친구와 함께 징검다리 건너기

21 예뻐져라 내 짝꿍

내용 관계 형성하기　**연령** 만 3, 4, 5세

친구에게 로션을 발라주고, 상호작용하면서 친밀감을 높이는 놀이이다. 친구 얼굴에 발라주며 '까르르 까르르' 웃기도 하고, 부끄러워하면서 즐기는 놀이이다. 놀이 후에는 마주보고 앉아 서로를 칭찬한다.

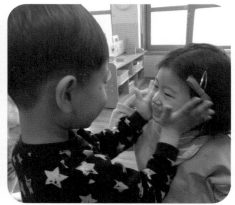

- 유아용 로션

★ **놀이방법입니다!**
- 짝짓기 놀이를 통해 2명의 짝을 만든다.
  - "즐겁게 춤을 추다가 2명이 만나세요."
  - (미리 색종이를 선택하게 한 후에) "같은 색깔 색종이를 들고 있는 친구끼리 만나볼까요?"
- 짝꿍끼리 마주보고 앉는다.
- 둘 중 로션을 친구에게 먼저 발라 줄 친구를 정한다.
- 교사는 유아의 손에 로션을 제공한다.
- 유아는 짝꿍의 얼굴에 로션 연지곤지를 찍고, 발라준다.
  - "어디에 로션을 발라줄까?"
- 역할을 바꿔 로션을 발라준다.
- 로션을 다 바른 후 친구에게 칭찬의 말은 건넨다.
  - "로션을 바르니 얼굴이 너무 잘생겼다."
  - "로션을 바르니 얼굴에서 빛이나."
  - "로션을 바르니 얼굴이 반짝반짝 거려."
  - "로션을 바르니 좋은 향기가 나."

♥ **헬퍼나라쌤의 TIP**
- 손을 깨끗이 씻은 후 로션을 바르도록 한다.
- 로션을 발라주며 즐거워하는 모습을 영상으로 담아서 함께 볼 수 있다.
- 짝꿍을 정할 때는 다양한 방법을 사용한다.

22 나처럼 해봐라

내용 관계 형성하기 연령 만 3, 4세

　‘나처럼 해봐라 이렇게’ 노래를 부르면서 친구들의 모습을 흉내 내며 한 마음이 되어보는 활동이다. 친구와 같은 행동을 함으로써 학급 구성원으로 소속감을 느낄 수 있고, 친구의 모습을 따라 하며 즐겁게 놀이할 수 있다.

★ **놀이방법입니다!**

- 모두 일어나 동그랗게 선다.

- 술래를 정해 포즈를 취할 순서나 방향을 정한다.

- '나처럼 해봐라 이렇게' 노래를 함께 부른다.

    ♬ 나처럼 해봐라 이렇게 나처럼 해봐라 이렇게

       나처럼 해봐라 이렇게 아이 참 재미있다

- 술래는 '이렇게' 부분에서 자신이 하고 싶은 포즈를 취한다.

    − 엎드리기, 한 발 들기, 브이 하기 등

- 나머지 유아는 '친구처럼 해봐라 이렇게' 노래를 이어 부르며 친구의 포즈를 따라 한다.

    − "나처럼 해봐라 이렇게"(동작)

      "친구처럼 해봐라 이렇게"(동작 따라 하기)

♥ **헬퍼나라쌤의 TIP**

- 만 3세의 경우에 친구들의 포즈를 따라 하기 어려워할 경우에는 익숙해 질 때까지 노래에 맞춰 자신이 포즈를 취해보거나 돌아가면서 1명씩 포즈를 취해보는 놀이를 할 수 있다.

- '나처럼 해봐라 이렇게' 노래가 익숙해지면 '나처럼'을 친구 이름으로 개사해서 노래를 부르며 놀이를 할 수 있다.

    − "나라처럼 해봐라 이렇게", "유진이처럼 해봐라 이렇게"

23 무궁화 꽃이 피었습니다 업그레이드 버전

내용 관계 형성하기 **연령** 만 3, 4, 5세

'무궁화 꽃이 피었습니다' 놀이에 조건을 계속 추가하여 다양하게 즐길 수 있다. 친구들이 제시한 조건을 잘 듣고 친구를 안아주거나 반 친구 전체가 모여보기도 하며 긴장된 마음을 녹일 수 있다. 교실뿐만 아니라 바깥 놀이시간 운동장에서도 할 수 있다.

★ 놀이방법입니다!

- 술래를 정한다.

- 술래는 벽면을 바라보고, 눈을 손등에 가리고 선다.

- 나머지 유아들은 술래 반대편에 가서 술래를 바라보고 선다.

- 술래가 조건('무궁화 꽃이 ○○○○○')을 외치고, 뒤를 돌아본다.
  - "무궁화 꽃이 하트를 쏘아요."
  - "무궁화 꽃이 다리를 들어요."
  - "무궁화 꽃이 안아줍니다."
  - "무궁화 꽃이 모두 모여요."
  - "무궁화 꽃이 춤을 춥니다."

- 모든 유아는 술래가 제시한 조건대로 행동한다.

- 술래가 제시한 조건대로 행동하지 않은 유아는 술래의 손을 잡고 연결한다.

- 한 명의 유아라도 먼저 술래가 있는 곳까지 도착하면 모두 도망친다.

- 술래는 도망가는 유아 중 1명을 잡는다.

- 잡힌 유아는 술래가 되고, 놀이를 반복한다.

♥ 헬퍼나라쌤의 TIP

- 놀이를 통해 친구와 스킨십하며 친해질 수 있도록 한다.

- 짝꿍을 정해 두 명의 친구가 손을 잡고 포즈를 취하며 놀이할 수 있다.

24 두 손 번쩍 가위바위보

내용 관계 형성하기   연령 만 4, 5세

가위바위보의 결과에 따라 '이겼다, 비겼다, 졌다'라고 먼저 외치는 사람이 이기는 게임이다. 가위바위보의 승패와 상관없이 순발력 있는 사람이 이기는 변형 가위바위보놀이이다.

★ 놀이방법입니다!

- 음악에 맞춰 교실을 돌아다닌다.
- 음악이 멈추면 두 명씩 짝을 짓는다.
- 가위바위보를 한다.
- 이긴 사람은 두 손을 높이 들고 "이겼다"라고 외친다.
- 진 사람은 두 손을 높이 들며 "졌다"라고 외친다.
- 비긴 경우 두 손을 높이 들며 "비겼다"라고 외친다.
- 먼저 구호를 외친 사람이 승리한다.

♥ 그래쌤의 TIP

- 큰 소리로 구호를 외칠 수 있도록 미리 이야기한다.
- 처음에는 구호에 익숙해지도록 구호만 외치는 연습을 한다.
- 이긴 사람은 수염을 만지는 동작을 하며 "에헴~", 진 사람은 인사하기, 비기면 "사랑해" 등으로 바꿔서 할 수도 있다.
- 만 5세는 승패의 결과를 거꾸로 외치는 두 손 번쩍 가위바위보 활동으로 응용할 수 있다.

3주

즐거운
자유놀이

3월 3주 · 즐거운 자유놀이

풍부한 환경 알기

기본생활 습관지도

계획 실행 평가

수조작/ 언어

3주

도구 안전

미술/과학

역할/쌓기

선생님이 계획해보는 3월 3주

3주

3월 3주 연령별 주간교육계획안 예시

20○○.○○유치원/어린이집 '만 3세' 제3주 교육계획안		생활주제	유치원과 친구
		주 제	스스로 할 수 있어요

목 표	• 유치원에서 내 스스로 해야 할 일에 대해 알아본다. • 유치원은 선생님, 친구들과 함께 즐겁게 지내는 곳임을 안다.				
날짜(요일) 활동	16일(월)	17일(화)	18일(수)	19일(목)	20일(금)
소주제	화장실 가기	양치질하기	정리하기	실내화 신기	자유놀이의 날
맞이하기	• 눈 마주치기, 안아주기, 하이파이브, ET 인사, 손 점프 터치로 따뜻하게 맞아주기				
함께 모여 인사 나누기	• '안녕' 노래로 인사를 해요		• ○○는 어디 있나		• 일과 소개하기
자유놀이 및 자율간식	유아가 하고 싶은 놀이하기				
함께하는 놀이	교실 속 화장실 역할놀이	치카치카를 해요 ① 내 칫솔과 내 컵 찾기 ② 양치질 개별 지도	사라진 놀잇감을 찾아라 5분 안전교육	짝짝이 내 실내화	유아들이 하고 싶은 놀이하기
관계형성놀이	꼬마 기차 출발합니다, 무궁화 꽃이 피었습니다, 텔레파시 가위바위보				
바깥 놀이	바깥 놀이 장소를 정해 놀이하기				
가정통신문	♡ 지난주에 이어 기본생활습관 지도가 계속되고 있습니다. 되도록 결석하지 않도록 해주시기 바랍니다. ♡ 매일 바깥놀이를 실시하고 있습니다. 활동이 편한 옷을 입혀주시기 바랍니다. ♡ 20일(금)은 유아들이 하고 싶은 놀이를 함께 계획해서 하려고 합니다. 활동하기 편한 복장으로 입혀주시기 바랍니다.				

※ 유치원의 상황 및 유아의 흥미에 따라 변동될 수 있습니다.

		생활주제	유치원과 친구
20○○.○○유치원/어린이집 '만 4세' 제3주 교육계획안		주 제	우리 반 장난감

목 표	• 놀이하고 싶은 장난감을 선택할 수 있다. • 내가 선택한 장난감으로 혼자 또는 친구와 놀이할 수 있다.				
날짜(요일) 교육내용	3/16(월)	3/17(화)	3/18(수)	3/19(목)	3/20(금)
소주제	자유놀이 장난감 탐색하기	쌓기 장난감으로 놀이하기	역할 장난감으로 놀이하기	미술 장난감으로 놀이하기	내가 놀고 싶은 장난감으로 놀이하기
등원 및 아침 인사	반갑게 인사하기, 출석체크하기				
자유 놀이 · 쌓기/역할	줄 따라 걷기				
자유 놀이 · 미술	나의 생각을 표현하는 이름표 만들기 자유점토놀이				
자유 놀이 · 과학/음률	신기한 돋보기				
정리정돈 및 평가 인사 및 간식	정리정돈하기, 자유놀이 평가하기, 간식				
대·소집단 활동	이야기 나누기	자유놀이			
대·소집단 활동	우리 교실에는 어떤 놀잇감이 있을까?	쌓기 장난감	역할 장난감	미술 장난감	내가 하고 싶은 놀이하기
대·소집단 활동		내가 선택한 장난감으로 자유롭게 놀기			
바깥 놀이	무궁화 꽃이 피었습니다	대문 놀이	풍선 놀이는 즐거워	안전교육 생활도구 안전 OX 퀴즈	놀이터
점 심	• 맛있게 점심 먹기 • 깨끗하게 양치질하기 • 자유놀이				
가정통신문	♡ 3주에는 우리 반에 있는 다양한 놀잇감을 이용해 자신이 하고 싶은 놀이를 즐겁게 해보는 시간을 갖습니다. 자신의 생각을 마음껏 펼치며 놀이할 수 있도록 지켜봐주세요. ♡ 3월에는 우리 반에서 지켜야 할 규칙과 기본생활습관에 대해 집중적으로 알아보고자 합니다. 되도록 결석을 하지 않도록 도와주시면 감사하겠습니다. ♡ 유치원 등·하교 시 교통안전에 특히 유념해서 안전하게 다닐 수 있도록 가정에서 지도바랍니다. 상황과 환경에 따라 활동이 융통적으로 변경될 수 있습니다.				

20○○.○○ 유치원/어린이집 '만 5세' 제3주 교육계획안		생활주제	유치원과 친구
		주 제	유치원에서의 하루 1

목 표	• 하고 싶은 놀이를 정하고 친구와 함께 놀이한다. • 장난감의 바른 사용법을 알고 안전하게 사용한다.				
날짜(요일) / 교육내용	3/16(월)	3/17(화)	3/18(수)	3/19(목)	3/20(금)
소주제	자유선택활동 놀이하기				
등원 및 아침 인사	반갑게 인사하기, 출석체크하기				
자유선택활동 — 쌓기/역할 / 언어 / 수·조작 / 미술 / 과학/음률	내가 하고 싶은 놀이를 선택하여 즐겁게 놀이하기				
정리정돈 및 평가	정리정돈하기, 자유선택활동 평가하기, 하루 일과 정하기 • 인사: 당신은 누구십니까?				
대소집단활동 — 이야기 나누기	5분 안전교육 우리 교실 장난감 둘러보기	쌓기 놀이 계획해서 함께 놀이해보기			내가 원하는 장난감으로 친구와 자유놀이하기
대소집단활동 — 동화/동시/동극			역할 장난감으로 하고 싶은 놀이 계획해서 함께 놀이해보기		내가 원하는 장난감으로 친구와 자유놀이하기
대소집단활동 — 신체/게임		사랑의 길 만들기			내가 원하는 장난감으로 친구와 자유놀이하기
대소집단활동 — 음률/과학/역할			손 인형으로 놀이 평가하기		내가 원하는 장난감으로 친구와 자유놀이하기
대소집단활동 — 미술/언어				미술/과학 장난감으로 하고 싶은 놀이 계획해서 함께 놀이해보기	내가 원하는 장난감으로 친구와 자유놀이하기
대소집단활동 — 바깥놀이	무궁화 꽃이 피었습니다, 자유 공놀이, 얼음땡 놀이				놀이터
가정통신문	♡ 3주에는 교실에 있는 장난감을 이용해 할 수 있는 다양한 놀이를 계획해보고 함께 놀이하는 경험을 갖습니다. 또한 교실 속 장난감을 탐색하며 안전하게 사용할 수 있는 습관을 길러줍니다. ♡ 3월에는 우리 반에서 지켜야 할 규칙과 기본생활습관에 대해 집중적으로 알아보고자 합니다. 되도록 결석을 하지 않도록 도와주시면 감사하겠습니다. ♡ 유치원 등·하교 시 교통안전에 특히 유념해서 안전하게 다닐 수 있도록 가정에서 지도바랍니다. 상황과 환경에 따라 활동이 융통적으로 변경될 수 있습니다.				

01 사랑의 길 만들기

내용 자유놀이 **연령** 만 3, 4, 5세

볼록을 충분히 탐색한 후 할 수 있는 활동이다. 교실 전체 공간을 활용하여 친구와
함께 블록으로 길을 만들어보고 다양한 놀이와 접목할 수 있다.

☆ 준비해주세요!

- 블록

☆ 놀이방법입니다!

- 교실에 있는 다양한 종류의 블록을 탐색한다.
- 블록을 이용하여 길을 만드는 방법에 대해 이야기 나눈다.
- 친구들과 함께 블록을 이용하여 길을 만든다.
- 길이 완성되면 친구들과 함께 걸어본다.
- 친구와 만나면 다양한 게임을 하며 놀이할 수 있다.
  - 가위바위보, 디비디비딥, 두 손 번쩍 가위바위보, 쌍권총 등

♥ 그래쌤의 TIP

- 하트 발판을 사이사이에 놓고 그 위에서 친구를 만나면 인사하기, 악수하기, 뽀뽀하기, 포옹하기 등을 해볼 수 있다.
- 교실 공간 전체를 활용하여 길을 만들어본다.
- 활동하는 동안 유아들이 좋아하는 친숙한 음악을 들려주어 즐거운 분위기를 조성한다.
- 참고: 3세 유치원과 친구 P.98 – 사랑의 길을 만들어요

02 블록 도미노

내용 **자유놀이** 연령 **만 3, 4세**

블록은 유아가 원하는 구조물을 만들 수 있고, 자체만으로도 다양한 놀이로의 변화가 가능한 놀잇감이다. 그러나 유아들은 대부분 원하는 구조물을 만들어 놀이한다. 교사와 함께 블록을 이용한 놀이를 해보며 유아가 블록에 대한 새로운 생각으로 놀이할 수 있도록 돕는다.

⭐ 준비해주세요!

- 블록

⭐ 놀이방법입니다!

- 교실에 있는 다양한 종류의 블록을 탐색한다
- 블록 도미노를 어떻게 만들지 이야기 나눠본다.
- 유아들이 자신의 블록을 세울 공간을 정한다.
- 유아들이 각자 세운 블록 사이에 블록을 세워 넣고 서로 연결한다.
- 친구들과 함께 블록을 놓아 도미노를 만든다.
- 중간에 블록이 넘어지면 다시 세운다.
- 모두 완성이 되면 친구들과 모여 같이 넘어뜨린다.
    - "3, 2, 1, 고~ 슛!"

💜 그래쌤의 TIP

- 도미노를 넘어뜨린 후 블록을 모아 의자나 책상을 만들고 교실 속 놀이 공간에 있는 다른 놀잇감과 연계하여 놀이한다.
- 도미노를 만들다가 블록이 넘어져도 화내지 않고 다시 세울 수 있도록 한다.
- 카펫 위에서 블록을 세우기 어려울 경우에는 카펫을 잠시 치운 후 세울 수 있도록 한다.

03 급식실 놀이

내용 바른 식습관 갖기 연령 만 3, 4세

　유치원에 처음 온 유아들은 급식실이 신기하기도 하고, 배식을 받거나 정리하는 것을 재미있어 한다. 하지만 아직 서툴러 실수를 많이 하는 장소가 급식실이다. 놀잇감을 이용해 급식실 놀이를 통해 배식을 받고, 정리하는 것에 익숙해지도록 한다.

- 식판, 음식 모형, 젓가락, 숟가락, 바구니

★ **놀이방법입니다!**

- 교구장을 이용해 배식대를 만든다.
- 조리사 선생님과 유아로 역할을 정한다.
- 조리사 선생님은 음식을 나눠줄 준비를 한다.
  - 음식 모형을 배식대로 옮겨 바구니별로 놓아두기
  - 음식 모형 위에 집게나 국자 준비하기
- 유아는 한 줄로 서서 식판과 숟가락, 젓가락을 든다.
- 배식대에서 음식을 받는다.
- 책상에 앉아 맛있게 음식을 먹는다.
- 정리 바구니에 남은 음식과 숟가락, 젓가락을 정리한다.
- 역할을 바꿔서 해본다.

♥ **헬퍼나라쌤의 TIP**

- 유아가 사용하는 식판을 놀잇감으로 제공해주어 놀이에 활용할 수 있도록 한다.
- 음식 모형을 이용해 급식실과 비슷한 환경으로 놀이할 수 있도록 한다.
  - 숟가락 · 젓가락 들기, 식판 들기, 음식 받기, 식탁에 앉기, 정리하기

04 내 친구 머리카락 꾸미기

내용 안전 지도하기 연령 만 4, 5세

    가위의 올바른 사용 방법을 알아본 후 안전에 초점을 두며 가위를 사용하는 미술놀이를 해본다. 간단한 게임과 결합한 머리카락 꾸미기를 통해 도구를 안전하게 활용하는 습관을 지속적으로 지도한다.

★ 준비해주세요!

- 색깔별 리본 끈, 가위, 풀, 활동지

★ 놀이방법입니다!

- 가위를 잘 못 사용할 경우 생길 수 있는 일에 대해 이야기한다.
    - 손에 상처가 날 수 있다, 중요한 부분을 잘라버릴 수 있다.
- 가위를 바르게 사용하는 방법을 알아본다.
    - 엄지와 중지를 손잡이에 끼우고 검지로 받친다.
    - 가위는 제자리에 두고 종이를 움직이면서 자른다.
    - 두꺼운 종이는 가위의 안쪽에 넣고 자른다.
- 1인당 2종류의 색깔 끈을 5~6개 정도 나눠준다.
- 친구와 가위바위보를 통해 끈을 나눠 갖는다.
    - 이긴 유아가 친구의 끈 중에서 마음에 드는 끈을 가져간다.
    - 이긴 유아가 진 사람에게도 자기 끈 중 하나를 준다.
    - 반복하다 보면 자연스럽게 다양한 색깔의 리본끈을 갖게 된다.
- 얼굴만 있는 활동지에 리본 끈을 이용하여 머리카락을 꾸며준다.

♥ 그래쌤의 TIP

- 풀을 사용 시 청결을 위해 활동판(장판)을 깔면 정리가 수월하다.
- 끈을 나눠가질 때 게임을 통해 뺏는 것이 아니라 서로 바꿀 수 있는 기회를 주는 것임을 미리 이야기한다.
- 끈 바꾸기를 할 때 신나는 동요를 틀어줄 수 있다.
- 끈을 담을 바구니는 손잡이가 있으면 편리하다.

05 신문지 뱀 만들기

내용 자유놀이 **연령** 만 3, 4세

　가위 사용이 익숙지 않은 유아에게 안전한 가위 사용에 대해 알려주고, 마음껏 신문을 오려보는 놀이이다. 가위질이 서툴러 신문지가 찢어질 수 있고, 울퉁불퉁 할 수도 있지만 크게 연연하지 않고 가위질을 경험할 수 있도록 한다. 유아들이 오려놓은 신문을 서로 붙여 뱀이나 긴 줄을 만들어 다양한 놀이를 한다.

▪ 신문지, 가위, 풀

▪ 가위와 풀의 안전한 사용법을 알아본다.

▪ 가위를 이용해 신문지를 오려보도록 한다.

▪ 유아가 오린 신문지를 풀을 이용해 모두 붙여보도록 한다.

▪ 모두 붙인 신문지가 어떤 모양인지 이야기를 나눈다.

▪ 자신이 만든 신문지 뱀을 소개하고, 놀이한다.

  − 뱀 기차 만들기: 친구들이 만든 뱀을 모두 연결한다.

  − 뱀 동물병원: 자신이 만든 뱀으로 병원 놀이를 한다.

  − 뱀 꼬리잡기: 뱀 꼬리를 자신의 옷에 끼우고, 술래잡기 놀이를 한다. 꼬리가 찢기거나 빼앗기면 진다.

♥ 헬퍼나라쌤의 TIP

▪ 가위질이 서툰 만 3세 유아는 안전가위를 제공한다.

▪ 유아가 가위를 사용할 때는 교사가 주의를 기울인다.

▪ 신문을 오릴 때는 신문을 펼쳐 길게 오리는 것보다 접힌 상태에서 오리는 것이 좀 더 잘 오려진다.

▪ 유아가 오린 신문으로 만든 작품이 뱀이 아니고 다른 모양이라면 유아의 생각을 존중해준다.

06 고깔고깔 대작전

내용 자유놀이 **연령** 만 3, 4, 5세

    TV 예능 프로그램인 '신서유기 3'에 나온 고깔고깔 대작전 게임을 유치원에 맞게 변형한 놀이이다. 이 게임을 통해 자유놀이에 제공된 다양한 놀잇감을 알 수 있다.

★ 준비해주세요!

- 고깔모자, 자유놀이 놀잇감

★ 놀이방법입니다!

- 유아를 중심으로 원형으로 다양한 놀잇감을 놓는다.
- 0.5~1cm 정도 끝 부분이 잘린 고깔모자를 얼굴에 쓴다.
- 교사의 지시사항을 잘 듣는다.
  - "시장에서 산 물건을 담는 시장바구니를 찾으세요."
  - "종이로 된 블록을 찾으세요."
- 시작 신호에 맞춰 구멍을 통해 놀잇감을 찾는다.
- 놀잇감을 찾으면 빙고를 외친다.

♥ 그래쌤의 TIP

- 유아의 수준에 맞게 구멍의 크기를 조절한다.
- 놀잇감을 못 찾은 유아는 친구의 도움을 받을 수 있도록 한다.
  - 예) "박수 소리가 나는 쪽으로 가봐."
- 팀별로 여러 명이 동시에 찾아볼 수 있다.

07 똑같은 놀잇감을 찾아라

내용 자유놀이 **연령** 만 3, 4, 5세

똑같은 사진 카드 2장을 뒤집어 놓고 찾아가는 일대일 대응 게임이다. 이를 통해 자유놀이의 다양한 놀잇감이나 자료 등을 알아볼 수 있다.

⭐ 준비해주세요!

- 영역 놀잇감 사진(각 2장), 블록, 칩

⭐ 놀이방법입니다!

- 색깔별로 블록을 4×4로 놓는다.
- 블록 위에 자유놀이에 사용하는 다양한 놀잇감 사진을 임의대로 놓는다.
- 게임에 참여할 유아 2명을 뽑는다.
- 10초 동안 사진을 보고 기억할 수 있도록 한다.
- 전체 사진을 뒤집어 놓는다.
- 한 명씩 돌아가며 2장씩 사진을 뒤집는다.
- 똑같은 그림이 나오면 그 놀잇감을 어떻게 사용할 수 있는지 말하고, 맞으면 칩을 1개씩 가진다.
- 칩이 많은 유아가 승리한다.

♥ 그래쌤의 TIP

- 교실에 있는 교구의 사진을 이용하여 카드를 만들면 좋다.
- 유아의 수준에 따라 사진의 수를 조절한다.
- 똑같은 그림을 맞춘 후 기억을 돕기 위해 카드는 그대로 두고 칩을 나눠 갖는 게 좋다.

08 내가 만드는 자유놀이 표시판

내용 **자유놀이** 연령 **만 5세**

자유놀이를 위해 제공된 교실의 놀이 공간을 탐색하며 각각의 놀잇감을 그림으로 그려본다. 유아가 그린 그림을 오려 특징을 잘 살린 우리 반만의 놀이 공간을 알려주는 표시판을 만들어본다. 글씨를 쓸 수 있는 유아가 있다면, 각 영역의 이름까지 유아들이 쓸 수 있다. 유아들은 자신들이 만든 표시판에 애착을 가지고 소중히 다룬다.

★ 준비해주세요!

- 색상지, 크레파스, 가위, 풀, 도화지, 코팅지

★ 놀이방법입니다!

- 교실 속 놀이 공간에 있는 다양한 놀잇감에 대해 이야기를 나눈다.
- 표시판에 어떤 그림을 그리면 좋을지 알아본다.
    - 미술놀이를 위한 공간: 풀, 가위, 색종이, 크레파스 등
    - 수조작방: 숫자, 퍼즐 등
- 자신이 그리고 싶은 놀잇감을 선택한다.
- 놀잇감이나 도구를 그림으로 그린다.
- 유아들이 그린 그림을 모아 오려 표지판으로 사용한다.
- 각 놀이 공간의 이름을 정해 인쇄하여 붙이거나 글로 적는다.
- 놀이 공간의 입구에 붙여 사용한다.

♥ 헬퍼나라쌤의 TIP

- 유아가 그린 그림을 자유롭게 붙여보거나 스스로 구성해볼 수도 있다.
- 만 5세 유아는 놀이 공간의 이름을 정한 후 이름을 써볼 기회를 제공한다.

09 나의 생각을 표현하는 이름표 만들기

내용 자유놀이 연령 만 3, 4, 5세

이름표는 유아의 생각을 나타내는 의사결정을 할 때 많이 사용된다. 짧은 시간에 유아 전체의 생각을 알고 싶을 때 이름표를 사용하면 효과적이다. 유아는 학급의 의사결정에 자신의 의견이 반영되는 모습을 직접 보면서 학급의 주체임을 느낄 수 있다.

- 나무조각, 음료수 뚜껑, 유아 사진, 캐릭터 도안

★ 놀이방법입니다!

- 나무조각을 이용할 때

  – 나무조각을 선택한다.

  – 네임펜을 이용해 자신의 이름(사진)을 적는다(붙인다).

  – 이름 주변을 멋지게 꾸민다.

  – 뒷면서 글루건을 이용해 동그란 벨크로(자석)를 붙인다.

- 음료수 뚜껑을 이용할 때

  – 유아의 사진을 병뚜껑 크기에 맞게 오린다.

  – 오린 사진을 병뚜껑 속에 넣는다.

  – 이름을 적는다.

  – 글루건을 이용해 동그란 벨크로(자석)를 붙인다.

- 캐릭터를 코팅해서 사용할 때

  – 캐릭터를 프린트해서 코팅해준다.

  – 유아가 코팅한 종이 위에 자신의 이름을 적는다.

  – 뒷면에 벨크로나 자석을 붙여 사용한다.

♥ 헬퍼나라쌤의 TIP

- 유아의 이름표는 다양한 활동에서 활용할 수 있다.

  – 바깥 놀이 장소를 정할 때, 우리 반 친구들이 좋아하는 음식을 알아볼 때, 체험 학습 가고 싶은 장소를 정할 때, 자유놀이 시간 등

- 만 3세 유아의 이름표에는 이름과 사진, 정해진 캐릭터가 있어야 쉽게 찾는다.

10 사라진 놀잇감을 찾아라

내용 **정리정돈하기** 연령 **만 3, 4, 5세**

유아들은 놀이를 하고 있다가도 놀고 싶은 놀잇감이 보이면 바로 다른 놀잇감이 있는 곳으로 이동한다. 그러다 보면 교실은 금방 엉망이 된다. 택배로 배달된 정리 안 된 놀잇감의 마음을 알아보며 놀잇감을 소중히 여기고, 정리하는 습관을 기를 수 있다.

⭐ 준비해주세요!

- '놀잇감이 사라졌어요' 동화, 택배 상자, 전지(영역 그림 표시)

⭐ 놀이방법입니다!

- 교사는 자유놀이 시간에 바닥에 떨어져 있는 놀잇감을 교실 밖에 있는 택배 상자에 넣는다.
- 동화 '놀잇감이 사라졌어요'를 듣는다.
- 동화가 끝나면 택배가 올 수 있도록 동료 교사에게 부탁한다.
  - 동료 교사가 없다면, 교실 출입구 쪽에 놓아둔다.
- 유아와 함께 택배 상자를 열고, 상자 속에 있는 놀잇감을 분류해본다.
- 택배 상자 속에 있는 놀잇감의 마음을 알아본다.
  - "나는 블록이야. ○○가 놀다가 갑자기 나를 두고 다른 곳으로 가버렸어. 그래서 내 친구들도 다 잃어버렸어. 난 다시 ○○반에 가고 싶지 않아. 흑흑 속상해."
- 놀잇감의 마음을 풀어줄 방법에 대해 이야기한다.
  - "미안해" 사과하기
  - '우리 반 약속'에 '놀잇감 정리하기' 약속 추가하기
- 놀잇감을 제자리에 정리한다.

💙 헬퍼나라쌤의 TIP

- 1회성 활동으로 끝나는 것이 아니라 택배 상자를 교실 한쪽에 놓아두고, 정리 안된 놀잇감을 담아 활동을 반복적으로 실시한다.
- 만 3세 유아가 우리 반에 온 택배라는 것을 쉽게 알아볼 수 있도록 학급 단체 사진을 붙일 수도 있다.
- 참고: 3세 유치원과 친구 P.81 – 동화 '놀잇감이 사라졌어요'

11 짝짝이 내 실내화

내용 정리정돈하기 연령 만 3, 4, 5세

    유아들은 실내화나 신발을 거꾸로 신을 때가 많다. 불편할 만도 한데 거꾸로 신은 것인지도 느끼지 못하고 재미있게 노는 아이들을 볼 때면 웃음이 나오기도 한다. 유아 스스로 실내화를 바르게 신을 수 있도록 돕는 활동이다.

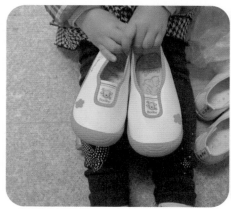

- 실내화, 색도화지, 스티커, 네임펜

★ 놀이방법입니다!

- 유아들의 발 모양을 색도화지에 그려본다.
- 유아가 그린 발 모양을 가위로 오린다.
- 바닥에 놓고 자신의 발 모양에 맞게 놓아본다.
  - "엄지발가락 부분이 어디일까요?"
- 자신의 실내화를 가져와 그 위에 놓는다.
- 실내화를 거꾸로 신지 않기 위한 방법에 대해 이야기를 나눈다.
- 새끼발가락 부분에 스티커(그림)를 붙이도록 한다.
- 스티커를 붙인 부분을 새끼발가락 쪽에 오게 하고 실내화를 신어본다.

♥ 헬퍼나라쌤의 TIP

- 실내화를 세탁하여 스티커가 뜯어지게 되면 그림(하트, 별 등)을 그려 표시해주도록 한다.
- 유아들이 직접 발 모양을 그려보면서 자신의 발 모양을 살펴볼 수 있도록 하며, 어려워하는 유아는 개별적으로 상호작용 해주도록 한다.
- 최근 시중에 판매되고 있는 실내화에는 캐릭터가 새끼발가락 부분에 붙어 있는 것도 있다. 유아들에게 캐릭터가 붙어 있는 이유를 설명해주며 실내화를 바르게 신도록 한다.

12 꼬마 기차 출발합니다

내용 관계 형성하기 연령 만 3, 4, 5세

　줄서기는 가장 기본적인 약속으로 1주부터 다양한 놀이를 통해 지도해야 한다. 꼬마 기차놀이를 하면 먼저 온 친구 다음으로 앉아야 함을 자연스럽게 알 수 있다. 또한 다양한 조건에 따라 움직여보며 친구들과 한바탕 신나게 웃을 수 있는 활동이다.

⭐ 놀이방법입니다!

- 교사가 교실 앞 쪽에 자리를 잡고, '꼬마 기차'라고 외친다.
- 유아는 교사 뒤로 한 줄로 앉아서 기차를 만든다.
- 교사는 기차가 출발한다고 알리고, 몸을 좌우로 움직인다.
- 꼬마 기차는 조건에 따라 다양하게 움직인다.
  - "꼬마 기차가 낮은 굴을 통과합니다. 몸을 낮추세요."
  - "꼬마 기차가 만세를 불러요."
  - "꼬마 기차가 안마를 시작합니다."
  - "꼬마 기차가 뒤로 누워 잠이 들었어요."
  - "꼬마 기차가 앞 기차를 간지럽게 해요."

♥ 헬퍼나라쌤의 TIP

- 놀이가 익숙해지면 교사 외에 유아가 기차 선두에 앉아 다양한 조건을 제시하도록 한다.
- 꼬마 기차를 유아가 원하는 조건에 따라 다양하게 움직여볼 수 있다.
- 짬시간을 활용해 놀이할 수 있다.

13 신문지 놀이

내용 관계 형성하기 연령 만 3, 4, 5세

신문을 이용해 찢고, 던지고 하는 등의 놀이를 하면서 긴장감도 풀고 즐겁게 놀이할 수 있다. 신문지를 그냥 가지고 노는 것부터 찢겨진 신문지로 엉망이 된 교실을 치우는 것까지 놀이로 해본다.

- 신문지

★ **놀이방법입니다!**

- 신문지를 찢기 전에 할 수 있는 놀이를 해본다.
  - 신문지 칼 놀이, 신문지 망원경 놀이, 신문지 마이크, 신문지 치마, 신문지 격파 놀이 등
- 신문지를 자유롭게 찢는다.
- "눈이다"라고 외치며 신문지를 하늘 높이 던진다.
- 찢어진 신문 위에서 유아들이 하고 싶은 놀이를 즐긴다.
  - 누워서 신문지 눈 위에서 굴러보기
  - 신문지를 뭉쳐 눈싸움하기
  - 눈사람을 만들어보기
  - 수영하기
  - 눈을 모아 침대를 만들어 누워보기
  - 눈을 봉투에 담아 썰매 만들기
- 바닥에 찢겨진 신문지를 같이 정리한다.

♥ **헬퍼나라쌤의 TIP**

- 놀이 순서에 따라 놀이를 진행하기보다는 유아의 요구나 흥미에 따라 놀이가 진행될 수 있도록 한다.
- 찢어진 신문을 정리하는 것도 놀이처럼 할 수 있도록 한다.

14 친구에게 사랑 보내기

내용 관계 형성하기 연령 만 4, 5세

　물감과 색종이, 반짝이풀, 스팽클 등 다양한 재료를 이용하여 친구에게 사랑을 전달하는 미술활동을 할 수 있다. 완성된 작품을 보면서 친구에게 하고 싶은 말을 해볼 수도 있다.

★ 준비해주세요!

- 캔버스, 물감, 붓, 유아가 손을 내밀고 부는 사진, 하트 모양 종이, 가위, 풀, 반짝이 풀, 스팽클, 비즈

★ 놀이방법입니다!

- 유아가 입 앞에 한 손을 내밀고 입으로 부는 장면을 사진 찍는다.
- 캔버스의 배경을 색칠한다.
- 배경이 마르면, 캔버스에 유아와 친구 사진을 잘라 붙인다.
- 유아가 내민 손 앞으로 날아가듯 하트 모양 종이를 붙인다.
- 반짝이 풀과 비즈, 스팽클을 이용해 꾸민다.
- 완성된 작품을 보며 느낌에 대해 이야기를 나눈다.
  - "날아가고 있는 하트에는 어떤 생각이 담겼을까요?"

♥ 그래쌤의 TIP

- 캔버스 대신 약 220g의 두꺼운 종이를 이용할 수 있다.
- 캔버스의 배경은 다 채우지 않아도 되므로 자유롭게 색칠할 수 있도록 한다.
- 캔버스의 배경이 마르는 동안 바깥 놀이나 다른 활동을 계획하거나 이틀에 걸쳐 활동할 수 있다.
- 유아의 사진 배경은 PPT나 포토샵을 이용하여 제거할 수 있다.

  (PPT: 사진 더블 클릭 → 배경 제거 → 제거할 영역 표시 드래그 → PNG로 저장하기)

15 화장지는 얼마만큼 써야 할까?

내용 화장실 사용하기 연령 만 3, 4세

화장지를 한꺼번에 많이 넣어 변기가 막히는 경우가 많다. 유아들은 모든 일을 자기 스스로 해보려고 노력하지만, 정작 방법을 몰라 실수할 때가 있다. 화장지 사용법도 마찬가지이다. 아주 작고 사소한 것이지만, 유아들에게 알려주어 화장지를 바르게 사용할 수 있도록 한다.

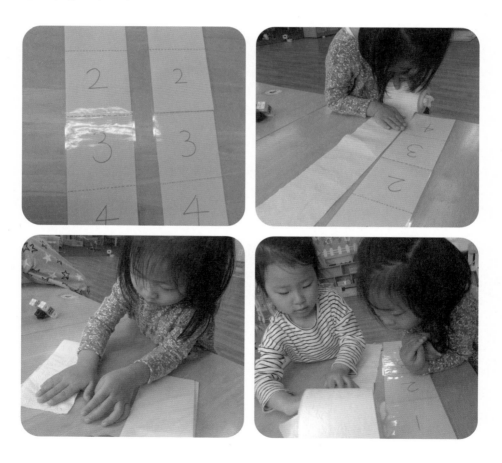

★ 준비해주세요!

- 화장지 4칸 시각자료, 화장지

★ 놀이방법입니다!

- 교사가 미리 제작해놓은 화장지 4칸 시각자료를 보여주며 칸을 세어본다.
- 유아는 화장지의 구분선을 찾아본다.
- 화장지 4칸을 세어본다.
- 교사가 제시한 화장지 4칸 시각자료를 보며 4칸을 떼어본다.
- 4칸을 반으로 접고, 다시 반으로 접어본다.

♥ 헬퍼나라쌤의 TIP

- 만 3세 유아의 경우 화장지 구분선 찾기가 어렵기 때문에 교사와 함께 찾아보고, 화장실에 화장지 4칸을 알아볼 수 있는 그림 자료를 붙여 화장지를 바르게 사용할 수 있도록 한다.
- 혼합연령 학급에서는 형님이 동생들에게 화장지를 구분선을 찾고, 4칸을 떼어 보는 방법을 지도할 수 있도록 한다.
- 화장지 4칸을 활동 예시로 제시했지만, 화장지 두께에 따라 4~8칸으로 적절히 조절하여 사용한다.
- 화장지를 사용한 후에는 쓰레기통 안에 정확하게 넣도록 알려준다.

16 온몸 가위바위보

내용 관계 형성하기 연령 만 3, 4, 5세

화장실에 다녀오거나 밥을 먹으러 가기 전 짬 시간을 내어 선생님과 온몸으로 놀아보는 활동이다. 유아들과 가위바위보 동작을 정하거나 교사가 제시한 방법으로 놀이한다.

★ 놀이방법입니다!

- 유아들에게 가위, 바위, 보 동작을 알려준다.
  - 가위: 두 발을 앞뒤로 벌린다.
  - 바위: 두 발을 모은다.
  - 보: 두 발을 양 옆으로 벌린다.
- 모두 일어나서 가위, 바위, 보를 한다.
- 이긴 사람은 계속 가위, 바위, 보를 한다.
- 진 사람은 자리에 앉는다.
- 중간에 패자부활전을 통해 가위, 바위, 보에서 진 유아들에게도 다시 기회를 제공한다.

♥ 헬퍼나라쌤의 TIP

- 유아(교사)들이 만든 가위바위보 동작이 익숙해질 때까지는 승패를 나누지 않고, 반복해서 가위바위보 놀이를 해본다.
- 교사 대 유아 전체로 할 수 있고, 교실을 돌아다니며 유아끼리 만나 놀이를 할 수 있다.
- 놀이에 익숙해지면 가위, 바위, 보 동작을 유아와 함께 바꿀 수 있다.

17 텔레파시 가위바위보

내용 관계 형성하기 **연령** 만 3, 4, 5세

　　선생님의 마음속에 있는 가위바위보를 읽어내 같은 것을 내야 이기는 가위바위보이다. 눈으로 볼 수 없는 선생님의 마음을 읽어 같은 것을 내려고 애쓰는 순진한 유아들의 예쁜 모습을 볼 수 있다.

★ 놀이방법입니다!

- 자유롭게 모여 앉는다.

- 교사는 유아에게 텔레파시를 보낸다.

  - "선생님 눈을 보면서 마음을 읽어볼까요?"

  - "선생님 마음에는 가위, 바위, 보 중 어떤 것이 숨어 있을까요?"

  - "선생님이 눈을 감고 너희에게 텔레파시를 보내볼게요."

- 가위, 바위, 보를 한다.

- 교사와 같은 것을 내서 텔레파시가 통한 친구는 다시 가위바위보를 한다.

- 놀이 중간에 패자부활전을 통해 탈락한 유아들을 다시 참여시킨다.

- 마지막 한 명이 남을 때까지 계속한다.

♥ 헬퍼나라쌤의 TIP

- 놀이에 익숙해지면 다양한 조건을 제시하며 가위, 바위, 보를 해본다.

  - "이번에는 이기는 텔레파시입니다. 선생님을 이겨야 해요."

- 교사의 마음뿐만 아니라 친구들의 마음을 읽어보는 텔레파시 가위바위보를 할 수 있다.

- 가위바위보 외에 감정 표정 텔레파시 놀이(얼굴 표정으로 말해요)를 할 수 있다.

  - "선생님은 지금 어떤 마음일까요?"(얼굴 표정)

  - "화가 난 ○○이는 어떤 마음일까요?"(얼굴 표정)

유치원에서의
하루

하루
일과

유치원
규칙

함께
모일 때
약속

기본생활
습관지도

4주

급·간식
지도

바깥 놀이
안전

정리
정돈

등·하원
안전

선생님이 계획해보는 3월 4주

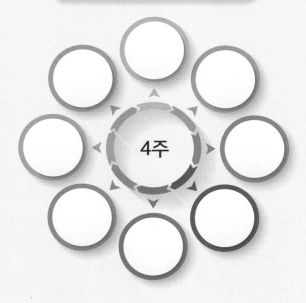

4주

3월 4주 연령별 주간교육계획안 예시

	20○○.○○유치원/어린이집 '만 3세' 제4주 교육계획안		생활주제	유치원과 친구	
			주 제	자유놀이하기	

목 표	• 우리 교실에 있는 다양한 장난감에 대해 관심을 가진다. • 자신이 원하는 놀이를 해본다.				
날짜(요일) 활동	23일(월)	24일(화)	25일(수)	26일(목)	27일(금)
소주제	역할놀이	쌓기놀이	미술놀이	책놀이	내 마음대로 놀이
맞이하기	· 눈 마주치기, 안아주기, 하이파이브, ET 인사, 손 점프 터치로 따뜻하게 맞아주기				
함께 모여 인사 나누기	· '안녕' 노래로 인사를 해요 · ○○는 어디 있나 · 일과 소개하기				
자유놀이 및 자율간식	유아가 하고 싶은 놀이하기				
함께하는 놀이	급식실 놀이	사랑의 길 만들기	신문지 뱀 만들기 놀이하기 5분 안전교육	책 징검다리 놀이	내가 놀고 싶은 장난감으로 재미있게 놀아요
관계형성 놀이	꼬마 기차 출발합니다, 무궁화 꽃이 피었습니다, 텔레파시 가위바위보				
바깥 놀이	바깥 놀이터에서 놀이하기				
가정통신문	♡ 매일 바깥 놀이 활동이 진행되고 있으니 활동하기 편한 복장과 운동화 를 신겨 보내주시기 바랍니다. ♡ 교실에 난방이 따뜻하게 들어오고 있고, 교실에서는 외투를 벗고 생활 합니다. 외투 속 겉옷은 가볍게 입혀주시고, 외투는 따뜻하게 입혀주시 기 바랍니다. ♡ 담임교사와 상담을 원하시는 부모님께서는 교육과정 수업을 마치는 2 시 이후에 전화 부탁드리겠습니다.				

※ 유치원의 상황 및 유아의 흥미에 따라 변동될 수 있습니다.

20○○.○○유치원/어린이집 '만 4세' 제4주 교육계획안		생활주제	유치원과 친구
		주 제	유치원에서의 하루

목 표	• 유치원에서 보내는 하루에 대해 알아본다. • 안전하고 즐거운 유치원 생활을 위해 지켜야 할 약속을 있음을 안다.				
날짜(요일) 교육내용	3/23(월)	3/24(화)	3/25(수)	3/26(목)	3/27(금)
소주제	하루 일과 알기	정리정돈	급·간식 먹기	안전하게 유치원 생활하기	
등원 및 아침 인사	반갑게 인사하기, 출석체크하기				
자유 놀이	쌓기/역할	놀이터 안전지킴이, 지니의 정리가방			
	수·조작	숟가락으로 냠냠 먹어요			
	미술	자유 그림 그리기	맛있는 간식 만들기		
정리정돈 및 평가 인사 및 간식	정리정돈하기, 자유놀이 평가하기, 하루 일과 알아보기, 간식 5분 생활안전교육(월)				
대·소집단 활동	신체 & 게임	동화	미술&역할	동화 & 안전교육	동화 & 역할놀이
	유치원 하루 일과 몸으로 표현하기	지니의 정리가방	맛있는 간식을 받아요	버스에 갇혔을 때 대처법 알아보기	놀이터 안전지킴이 되기
바깥 놀이	릴레이 기차놀이, 대문 놀이			놀이터	
가정통신문	♡ 4주에는 유치원의 하루에 대해 알아보고, 안전한 유치원 생활을 도울 수 있는 다양한 놀이를 실시합니다. ♡ 3월에는 우리 반에서 지켜야 할 규칙과 기본생활습관에 대해 집중적으로 알아보고자 합니다. 되도록 결석을 하지 않도록 도와주시면 감사하겠습니다. ♡ 유치원 등·하교 시 교통안전에 특히 유념해서 안전하게 다닐 수 있도록 가정에서 지도바랍니다. 상황과 환경에 따라 활동이 융통적으로 변경될 수 있습니다.				

		20○○.○○유치원/어린이집		생활주제	유치원과 친구	
		'만 5세' 제4주 교육계획안		주 제	유치원에서의 하루 2	

목 표	• 유치원에서 보내는 하루에 대해 알아본다. • 유치원에서 지켜야 할 약속에 대해 알아본다.				

날짜(요일) 교육내용		3/23(월)	3/24(화)	3/25(수)	3/26(목)	3/27(금)
소주제		하루 일과 알기	함께 놀이하기	정리정돈하기	안전하게 유치원 생활하기	
등원 및 아침 인사		반갑게 인사하기, 출석체크하기, 자유선택활동 계획하기				
자유 선택 활동	쌓기/역할	지니의 정리 가방		놀이터 안전지킴이		
	언어	하루 일과 사진과 글자 퍼즐 맞추기				
	수·조작	친구 할리갈리 놀이하기		레고로 놀이터 만들기		
	미술	자유 점토놀이, 자유 그림 그리기				
	과학/음률	나는 할 수 있어				
정리정돈 및 평가		정리정돈하기, 자유선택활동 평가하기, 하루 일과 정하기				
대소 집단 활동	이야기 나누기	5분 안전교육	함께 모여 놀이를 해요		안전하게 등·하원하기	
	동화/ 동시/동극			사라진 놀잇감을 찾아라	쳇 어떻게 알았지?	언제나 조심조심
	신체/ 게임	유치원 하루 일과 몸으로 표현하기				
	음률/ 과학/역할		나는 할 수 있어			
	미술/ 언어					안전한 바깥놀이터 만들기
	바깥 놀이	놀이하고 싶은 공간과 도구 선택하여 놀이하기				

가정통신문	♡ 4주에는 집단 활동에서 지켜야 할 규칙에 대해 알아봅니다. 또한 안전한 유치원 생활을 도울 수 있는 다양한 놀이를 실시합니다. ♡ 3월에는 우리 반에서 지켜야 할 규칙과 기본생활습관에 대해 집중적으로 알아보고자 합니다. 되도록 결석을 하지 않도록 도와주시면 감사하겠습니다. ♡ 유치원 등·하교 시 교통안전에 특히 유념해서 안전하게 다닐 수 있도록 가정에서 지도바랍니다. 상황과 환경에 따라 활동이 융통적으로 변경될 수 있습니다.

01 유치원의 하루 일과 몸으로 표현하기

내용 일과 지도하기 연령 만 4, 5세

유치원의 하루 일과 속 활동을 몸으로 표현하여 알아맞히는 활동이다. 유아가 하루 일과의 흐름과 주요 활동을 이해하면, 긴장감을 줄일 수 있고 유치원에 빨리 적응할 수 있다.

★ **준비해주세요!**

▪ 하루 일과 카드, 비밀 상자

★ **놀이방법입니다!**

▪ 유치원 하루 일과 그림 카드를 살펴보며 이야기를 나눈다.
  − 등원, 인사 나누기, 이야기 나누기, 간식, 자유놀이, 음악 감상, 바깥 놀이, 노래
    부르기, 동화, 동극, 게임, 동시 등
  − 활동에 대해 알아볼 때 대표적인 동작을 표현해본다.
▪ 한 명이 나와 비밀 상자에서 일과 카드를 뽑는다.
▪ 그림 카드의 활동을 몸으로 표현하여 문제를 낸다.
▪ 문제를 낸 유아가 정답을 맞힐 유아를 선택한다.
▪ 정답이 맞는지 그림 카드를 확인한다.

♥ **그래쌤의 TIP**

▪ 이 활동 후 유아가 오늘의 하루 일과를 순서대로 정렬해보거나 스피드퀴즈 활동
  으로 연결할 수도 있다.
▪ 참고: 5세 유치원과 친구 P.111 − 유치원의 하루 일과 몸으로 표현하기

02 하루 일과를 정해요

내용 일과 지도하기 **연령** 만 3, 4세

 "선생님, 이제 우리 뭐해요?"라고 물으며 선생님 뒤를 종종 따라다니는 유아들이 있다. 유아의 이런 행동은 다음 활동에 대한 궁금증과 자신이 원하는 활동을 언제 하는지 알고 싶어서이다. 유아가 안정된 유치원 생활을 하고, 다음 활동을 마음속으로 준비하도록 돕기 위해 일과 순서를 알아보는 활동이다.

★ **준비해주세요!**

▪ 비밀주머니, 하루 일과 그림카드

★ **놀이방법입니다!**

▪ 유아들에게 오늘 유치원에서 하고 싶은 활동을 물어본다.

　– "오늘 유치원에서 어떤 활동을 하며 놀이하고 싶니?"

▪ 교사는 유아의 다양한 이야기를 들어준다.

▪ 비밀주머니 속에 오늘의 활동이 있음을 알려준다.

　– "이 비밀주머니에는 친구들이 말한 활동이 다 들어있어요."

　– "내가 하고 싶은 활동이 나오라고 주문을 외워볼까요?"

　– "놀이야 나와라, 얍!"

▪ 교사가 하나씩 꺼내 교실 칠판에 붙인다.

　– 등원, 인사 나누기, 이야기 나누기, 간식, 자유놀이, 음악 감상, 바깥 놀이, 노래

　　부르기, 동화, 동극, 게임, 동시 등

▪ 모두 함께 읽으며 하루 일과를 계획한다.

♥ **헬퍼나라쌤의 TIP**

▪ 교실 칠판에 하루 일과를 붙일 수 있는 공간을 마련해 유아들이 수시로 일과가 이루어지는 순서를 확인할 수 있도록 한다.

▪ 유아가 꼭 하고 싶어 하는 활동이 있다면, 일과 운영 상 무리가 되지 않은 범위 내에서 할 수 있도록 지원한다.

▪ 유치원 생활이 익숙해지는 2학기에는 유아가 스스로 하루 일과를 정해볼 수 있도록 할 수 있다.

03 내가 가장 좋아하는 활동은?

내용 일과 지도하기 **연령** 만 4, 5세

유아들이 유치원에서 가장 좋아하는 활동이 무엇인지 알아보는 활동이다. 자신이 좋아하는 것이 무엇인지 생각해보며 스스로 좋아하는 활동을 선택해보는 활동이다. 교사는 유아가 좋아하는 놀이를 파악하여 하루 일과를 계획할 때 반영한다.

★ 준비해주세요!

- 하루 일과 그림, 그래프, 필기구, 라벨지

★ 놀이방법입니다!

- 유치원에서 유아가 가장 좋아하는 활동을 생각한다.
  - 동화, 요리, 게임, 미술, 음악, 신체, 게임 등
- 라벨지를 나눠주고, 자신의 이름을 2개 적도록 한다.
- 그래프에 붙어 있는 그림을 보며 자신이 좋아하는 활동을 찾는다.
- 자신이 가장 좋아하는 활동에 이름 스티커를 붙인다.
- 그래프를 보며 우리 반 친구들이 가장 좋아하는 활동에 대해 이야기를 해본다.
- 유아별로 가장 좋아하는 활동과 그 이유에 대해 이야기를 나눈다.
- 유치원 하루 일과의 순서에 대해 알려준다.

♥ 헬퍼나라쌤의 TIP

- 유아수가 적을 경우에는 그래프에 이름을 적도록 한다.
- 하루 일과의 균형성과 휴식의 필요성에 대해서도 함께 이야기해주도록 한다.
- 참고: 5세 유치원과 친구 P.111 – 유치원의 하루 일과 몸으로 표현하기(그림 활용)

04 내 자리 뽑기
내용 일과 지도하기 연령 만 3, 4, 5세

    교사가 일방적으로 자리를 정해주는 것이 아니라 제비뽑기나 보물찾기 등의 놀이를 통해 자리를 정한다. 자신의 자리가 마음에 들지 않다면, 친구와 의견을 교환하며 자리를 바꾸어볼 수 있다. 이러한 과정을 통해 자신이 의견을 표현하며 자신이 할 수 있는 일을 스스로 해보는 경험을 할 수 있다.

★ 준비해주세요!

- 투명 시트지, 다양한 컷 그림 1쌍(유아 수만큼), 비밀주머니 또는 상자

★ 놀이방법입니다!

- 교실 바닥에 투명 시트지로 그림을 붙인다.
- 유아들은 바닥에 어떤 그림이 붙어 있는지 돌아다니며 확인하도록 한다.
- 유아들은 나와서 비밀주머니에 있는 그림 종이를 1장 뽑는다.
- 내가 뽑은 종이에 있는 그림을 확인하고 자리를 찾아 앉는다.
- 자리를 바꾸고 싶은 유아가 있다면, 서로 이야기를 나누어 조정한다.

♥ 헬퍼나라쌤의 TIP

- 학급에는 키가 큰 유아, 키가 작은 유아가 함께 있다. 크게 불편함이 없는 경우에는 유아가 뽑은 그림의 자리대로 앉도록 하고, 키가 큰 유아로 인해 불편함이 있는 경우에는 유아들과 상의 후 자리를 바꿔준다.
- 사전에 교실 바닥에 그림을 붙일 때는 그림 위에 투명 시트지를 붙여 그림이 떨어지거나 찢기지 않도록 한다.
- 생활주제와 관련된 그림을 활용하여 자리를 바꿀 수 있다.
- 비밀주머니 뽑기 외에도 보물찾기 방법 등을 활용할 수 있다.
- 학기 초에는 학급 분위기를 고려하여 교사 주도형으로 자리를 배치해줄 수도 있다. 그리고 점차 분위기가 안정되면 놀이를 통해 유아가 자리를 선택할 수도 있도록 한다.

05 내 모둠 보물찾기

내용 일과 지도하기 연령 만 4, 5세

유아의 수가 많은 학급에서 보다 효율적으로 유아를 관리하고 소그룹 활동이 필요한 경우 모둠 구성이 필요하다. 유아가 좋아하는 보물찾기 놀이를 이용하여 즐거움을 느끼며 다양하게 모둠을 정해보는 활동이다.

★ 준비해주세요!

- 모둠 이름이 적힌 종이(유아 수만큼)

★ 놀이방법입니다!

- 모둠 이름이 적힌 종이를 준비한다.
  - 숫자(1, 2, 3), 동물 그림, 과일 그림, 상징 기호(♥♠★)
- 모둠 이름이 적힌 보물 종이를 교실에 숨긴다.
- 책상에 모둠별로 이름을 붙인다.
- 유아들은 교실에 숨겨진 보물 1개를 찾는다.
- 보물을 찾은 유아는 종이에 적힌 모둠 책상에 앉는다.
- 같은 보물을 찾은 친구끼리 한 모둠이 된다.

♥ 헬퍼나라쌤의 TIP

- 종이에 적힌 모둠 이름은 예시 이름이므로 모둠이 정해지면 토의를 통해 유아들이 원하는 이름을 정하도록 한다. 각 모둠끼리 서로 연관성이 없는 다양한 이름이 나와도 최대한 유아의 생각을 존중해서 모둠 이름을 정한다.
- 생활주제와 관련된 그림을 활용할 수 있다.
- 모둠은 시기(분기별, 학기별, 월별)를 정해놓고 바꾸어주도록 한다.
- 만 5세의 경우 모둠을 알리는 소개판을 만들어 소개하고, 교실이나 책상에 붙여준다.

06 지니의 정리 가방

내용 **정리정돈하기** 연령 **만 3, 4, 5세**

  자유놀이 시간에 장난감을 정리하지 않아 바닥에 어질러져 있는 경우가 많이 있다. 지니가 바닥에 떨어진 장난감을 정리 가방에 넣어 가져간다는 스토리를 바탕으로 정리 습관을 길러주도록 한다.

★ 준비해주세요!

- 손인형, 캐리어, 정리 가방 표시 그림

★ 놀이방법입니다!

- 교사는 자유놀이 시간에 바닥에 떨어진 장난감을 지니(손인형)의 정리 가방에 넣는다.
- 자유놀이 시간 후 평가 때 지니의 정리 가방을 살펴본다.
- 지니가 바닥에 떨어져 굴러다니는 장난감의 속상한 마음에 대해 이야기를 한다.
  - "친구들이 밟고 지나갈 때마다 너무 아프고 속상해!"
- 유치원 정리 규칙에 대해 이야기 나눈다.
  - 놀잇감을 정리하고 다른 곳으로 이동한다.
  - 정리 가방에 들어간 놀잇감은 사용하지 못한다.
- 정리를 잘하겠다는 약속을 한 후 가방의 물건을 정리한다.

♥ 그래쌤의 TIP

- 우리 반 마스코트(예: 지니)로 손인형 하나를 정해놓고 다른 수업에서도 다양하게 활용할 수 있다.
- 정리 습관을 기를 수 있도록 2~3회 정도 반복 실시한다.
- 유아 중 1명을 지니의 친구로 정해 정리가 안 된 놀잇감을 가방에 넣어볼 수 있도록 유도한다.
- 활동을 반복할 때 정리하는 손(동요, 3세 유치원과 친구 P.127), 정리요정 정리대장(동시, 3세 유치원과 친구 P.124)을 함께 지도할 수 있다.

07 과자로 얼굴 표정 꾸미기

내용 관계 형성하기 연령 만 3, 4, 5세

친구들이 좋아하는 행동과 싫어하는 행동을 구분할 수 있도록 돕는 활동이다. 자유선택활동 시 일어날 수 있는 갈등 상황 그림을 보며 과자를 이용하여 친구의 마음을 표현해본다.

★ 준비해주세요!

- 얼굴 활동지, 갈등 상황 그림, 과자

★ 놀이방법입니다!

- 자유놀이 시간에 놀이하는 모습 그림을 보고 상황 속 친구의 기분에 대해 이야기를 나눈다.
  - "장난감을 몰래 가져가면 기분이 어떨까요?"
  - "친구가 색연필을 빌려주면 기분이 어떨까요?"
- 제시된 상황 속 친구 얼굴 표정을 과자로 꾸민다.
- 친구들과 함께 표정을 살펴본다.
- 과자를 먹는다.
- 교사가 제시한 상황을 보고 얼굴 꾸미기를 반복한다.

♥ 그래쌤의 TIP

- 얼굴 표정을 잘 나타낼 수 있는 모양의 과자를 준비할 수 있도록 한다.
- 과자로 만든 얼굴 표정을 옆 친구와 함께 비교하며 살펴본다.
- 가정에 미리 활동을 안내하여 얼굴 표정을 꾸밀 수 있는 과자를 1~2개씩 가지고 오도록 할 수 있다.

08 버스에 갇혔을 때 대처법 알아보기

내용 안전 지도하기 **연령** 만 3, 4, 5세

통학버스에 유아가 갇히는 사고가 종종 발생한다. 이러한 사고가 일어나지 않도록 노력해야겠지만, 버스에 갇힐 수 있는 위험한 상황이 생길 수도 있으므로 안전하게 대처하는 방법에 대해 교육할 필요가 있다.

☆ 놀이방법입니다!

- 통학버스와 관련된 위험한 상황에 대해 이야기 나눈다.
- 통학버스에 갇힐 경우 대처하는 방법에 대해 이야기한다.
    - 운전자석 핸들에 있는 경적에 두 손을 겹쳐 올리기
    - 경적을 힘껏 눌러 자신의 위치를 주변에 알리기
    - 경적 외 다른 장치들은 만지지 않기
- 통학버스로 이동한다.
- 한 명씩 경적을 울려본다.

♥ 그래쌤의 TIP

- 위험한 상황에 대한 안전교육이므로 진지하게 참여할 수 있도록 한다.
- 교사는 미리 시동이 걸리지 않은 상태에서 경적이 울리는지 확인한다.
- 운전자석 다른 장치들은 손대지 않도록 미리 이야기한다.
- 경적을 울릴 때 두 손을 모아 힘껏 누를 수 있도록 한다. 만 3세의 경우 힘이 없어 경적을 울릴 수 없다면, 엉덩이로 앉아 울리는 연습을 할 수도 있다.
- 통학버스 안에서 버스 문을 열 수 있는 장치가 있을 경우 위치를 알려주어 위급한 상황에서 사용할 수 있도록 한다.

09 스스로 안전벨트를 매고 풀기

내용 안전 지도하기 연령 만 3, 4, 5세

최근 통학버스 관련 사고가 많이 발생하고 있다. 유아가 통학버스를 안전하게 이용할 수 있도록 안전벨트를 착용하는 것부터 풀 때까지의 과정을 스스로 할 수 있도록 반복적으로 실시한다.

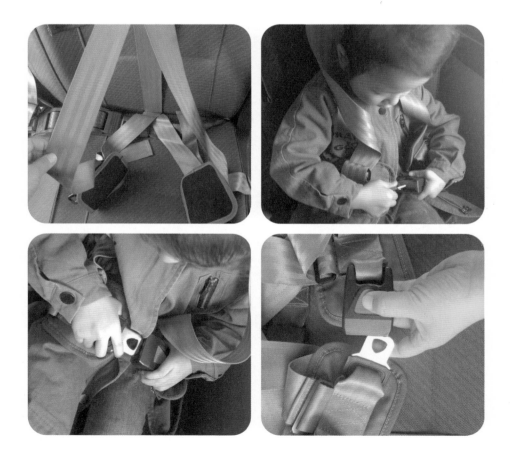

- 통학버스 안전벨트

- 통학버스에 있는 유아용 안전벨트를 매는 방법에 대해 이야기를 나눈다.
- 통학버스에 앉아 안전벨트를 스스로 착용해본다.

　① 가방처럼 어깨끈을 맨다.

　② 벨트를 잠근다.

　③ 똑 소리가 나는지 확인한다.

　④ 안전벨트를 풀 때는 빨간 버튼을 누른다.

- 통학버스 안전벨트를 착용해보며 놀이를 한다.

　– 안전벨트를 스스로 맨 유아는 '안전' 외치기(박수 치기, 만세 부르기)

- 안전벨트를 맨 순서와 반대로 안전벨트를 스스로 풀어본다.

　① 빨간 버튼을 힘껏 누른다.

　② 벨트를 양쪽으로 분리한다.

　③ 어깨 끈을 푼다.

♥ 헬퍼나라쌤의 TIP

- 만 3세 유아는 손힘이 약해 벨트를 잠그거나 푸는 것을 어려워한다. 반복해서 지도하여 스스로 벨트를 잠그고, 풀 수 있도록 한다.
- 안전벨트 착용 시 벨트 끈이 꼬이지 않도록 정리한다.

10 통학버스 안전 UCC 만들기

내용 안전 지도하기 **연령** 만 5세

    통학버스 안전은 생명과 직결되므로 매우 중요하다. 유아가 매일 이용하는 통학버스에 직접 승하차 해보면서 안전교육을 실시하도록 한다. 통학버스에서 지켜야 할 약속으로 노래를 개사하여 영상으로 만들고, 안전교육 시 활용할 수 있다.

▪ 카메라(스마트폰)

★ **놀이방법입니다!**

▪ 통학버스에서 지켜야 할 약속에 대해 이야기를 나눈다.

　－ "통학버스에서는 어떤 약속을 지켜야 할까요?"

▪ '작은별' 노래를 개사해 통학버스 안전송을 만든다.

　♬ 통학버스에서는 예쁜 모습을 해요 한 줄 기차 하고요

　　안전벨트 매고요 창문열지 않아요 손 내밀지 않아요

　♬ 통학버스에서는　예쁜 모습을 해요 소곤소곤 말해요

　　장난치지 않아요 싸우지도 않아요 자리 바꾸지 않아요

▪ 노래 가사에 맞춰 연기할 유아를 정한다.

▪ 통학버스에 직접 타서 가사에 맞는 영상을 촬영한다.

▪ 교사는 촬영한 영상을 모아 통학버스 안전송 뮤직비디오를 제작한다.

♥ **헬퍼나라쌤의 TIP**

▪ 실제로 통학버스를 이용하면서 체험 위주의 안전교육을 실시한다.

▪ 스마트폰 어플을 활용해 동영상을 쉽게 만들 수 있다.

　－ Quik, vivavideo, kinemater 등

▪ 개사할 노래는 유아들에게 쉽고, 친숙한 노래로 한다.

▪ 통학버스 안전 UCC 영상을 다른 반이나 가정으로 보내 안전교육을 실시할 수 있도록 한다.

11 맛있는 간식 만들기

내용 바른 식습관 갖기 연령 만 3, 4, 5세

점토를 이용하여 간식을 만드는 과정을 통해 유치원에서 먹는 급간식의 종류에 관심을 가지게 한다. 또한 역할놀이와 연계하여 간식 먹는 시간을 즐거운 시간으로 기대할 수 있도록 돕는다.

- '오늘의 간식' 동요, 악보, 점토, 점토도구, 급·간식 사진

★ **놀이방법입니다!**

- '오늘의 간식' 노래 가사를 바꿔 수수께끼를 낸다.
  - 오늘의 간식 과일이에요 오늘의 간식 빨간색이죠 오늘의 간식 아삭아삭해 그건 그건 바로 바로 ○-○
  - "오늘의 간식은 무엇일까요?"
- 유치원에서 먹는 간식시간을 회상하며 이야기를 나눈다.
  - "유치원에서 먹은 간식 중에서 가장 맛있었던 간식은 무엇이었나요?"
- 친구들에게 주고 싶은 간식이나 나눠먹고 싶은 음식을 생각해본다.
- 점토로 친구와 나누어 먹고 싶은 간식을 만들어본다.
- 점토로 만든 간식을 소개한다.

♥ **그래쌤의 TIP**

- 점토로 만든 간식 모형을 역할 영역에서 친구 초대 상차리기 놀이로 연계한다.
- 유아가 먹고 싶은 간식을 적절하게 반영한다.
- 간식을 먹을 때의 예절이나 태도에 대해 함께 이야기를 나눈다.
- 참고: 3세 유치원과 친구 P.129 – 오늘의 간식(동요)

  3세 유치원과 친구 P.137 – 우리가 먹는 간식을 만들어요

12 내가 먹고 싶은 점심메뉴 만들기

내용 **바른 식습관 갖기** 연령 만 3, 4세

　　유아들이 자신이 먹고 싶은 음식을 식판에 오려서 붙이거나 그려보며 다양한 음식에 좀 더 친숙해지고 점심 식사에 대한 기대감을 갖도록 하는 활동이다. 유아 개개인의 음식 선호도를 파악하여 식습관 지도도 함께 할 수 있다.

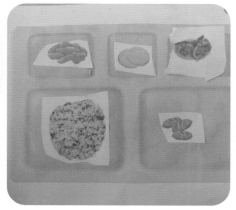

★ **준비해주세요!**

▪ 식판, 음식 그림

★ **놀이방법입니다!**

▪ 식판에 어떤 음식을 담고 싶은지 이야기해본다.

   – "어떤 음식을 먹고 싶나요?"

▪ 다양한 음식 그림 중 자신이 먹고 싶은 그림을 선택한다.

   – "나는 김치를 먹고 싶어."

   – "나는 콩밥을 먹고 싶어."

▪ 음식 그림을 오려 식판 위에 붙인다.

   – 인쇄된 음식 그림 사용하기

   – 교실에 있는 음식 모형 사용하기

   – 전단지 음식 그림 오려 사용하기

   – 직접 그리기

▪ 자신이 먹고 싶은 점심메뉴를 소개한다.

   – "나는 콩밥과 두부, 미역국을 먹고 싶어."

♥ **헬퍼나라쌤의 TIP**

▪ 가정통신문을 통해 음식 사진이나 그림이 있는 잡지나 전단지 등을 유치원으로 보내주라는 협조를 요청한다.

▪ 참고: 4세 유치원과 친구 P.140 – 내가 조리사 선생님이라면?

13 숟가락으로 옮기기

내용 바른 식습관 갖기 연령 만 3세

대·소집단 또는 개별적으로 숟가락을 바르게 사용하는 방법에 대해 알아본 후 놀이를 통해 꾸준히 지도한다. 입을 벌리고 있는 얼굴바구니에 음식을 넣어주는 놀이이다.

★ 준비해주세요!

- 남녀 유아가 입 벌리고 있는 바구니 2개, 음식 모형, 숟가락 2개

★ 놀이방법입니다!

- 음식 모형을 보며 이야기 나눈다.
  - "이 음식을 먹으면 우리 몸에 어떤 도움을 줄까요?"
- 숟가락을 잡는 방법에 대해 알아본다.
- 숟가락을 바르게 잡아본다.
- 2명씩 나온다.
- 신호에 맞춰 바구니에 숟가락으로 음식을 넣어본다.

♥ 그래쌤의 TIP

- 유아의 발달 수준에 맞춰 입을 벌리고 있는 바구니는 10cm 정도의 높이로 제작한다.
- 게임의 승패보다는 숟가락을 바르게 이용하여 음식을 넣는 것에 중점을 둔다.
- 놀잇감을 교실에 비치하여 자유놀이 시간에 유아가 연습해볼 수 있도록 한다.
- 숟가락을 바르게 사용하는 방법과 더불어 골고루 음식을 먹을 수 있도록 함께 지도한다.
- 참고: 3세 건강과 안전 P.140 – 숟가락 젓가락으로 옮겨요

14 바르게 먹는 어린이 퍼즐놀이

내용 **바른 식습관 갖기** 연령 **만 3세**

    주사위를 던져 바르게 식사하는 모습이 나오면 퍼즐을 맞출 수 있는 활동이다. 퍼즐 게임을 통해 바른 태도로 식사하는 방법을 알고 실천할 수 있도록 돕는다.

★ 준비해주세요!

- 음식을 바르게 앉아 먹는 퍼즐판, 퍼즐 조각 2세트, 주사위(손으로 음식을 집어먹는 그림, 돌아다니며 먹는 그림, 음식을 입에 가득 물고 이야기하는 그림, 바르게 식사하는 그림)

★ 놀이방법입니다!

- 주사위를 보며 바른 식사 태도에 대해 이야기 나눈다.
- 1명씩 나와 주사위를 던진다.
- '바르게 먹는 아이 그림'이 나오면 퍼즐 조각 하나를 맞춘다.
- '식사 시 바르지 못한 그림'이 나오면 식사 규칙을 말한 후 퍼즐 조각을 맞춘다.
  - "손으로 음식을 먹지 않아요."
  - "음식은 제자리에서 먹어요."
  - "음식을 먹으면서 이야기하지 않아요."
- 완성된 퍼즐을 보며 식사할 때의 태도에 대해 이야기를 나눈다.

♥ 그래쌤의 TIP

- 대집단 활동이므로 주사위나 퍼즐판을 크게 제작한다.
- 자유놀이 시간을 이용해 2명씩 짝이 되어 놀이할 수 있다. 2명씩 소집단으로 할 수도 있다.
- 승패를 나누기보다는 바른 태도로 식사해야 함을 알 수 있도록 지도한다.
- 참고: 3세 건강과 안전 P.137 – 바르게 먹는 어린이

15 우리가 놀고 싶은 바깥놀이터

내용 일과 지도하기 **연령** 만 3, 4, 5세

　유아가 유치원에서 가장 기다리고 좋아하는 시간은 바깥 놀이이다. 유아가 스스로 놀이하고 싶은 공간을 선택하여 놀이할 수 있도록 하여 유아의 자율성과 책임을 기를 수 있고 보다 신나게 놀이에 참여할 수 있다.

⭐ 준비해주세요!

- 유치원 주변에서 바깥 놀이를 할 수 있는 공간 사진, 이름표

⭐ 놀이방법입니다!

- 유치원이나 유치원 주변에 바깥 놀이를 할 수 있는 공간에 대해 이야기를 나눈다.
  - "우리 유치원이나 유치원 주변에 바깥 놀이 하고 싶은 곳이 있나요?"
- 유아와 함께 바깥놀이터의 이름을 정해본다.
  - 행복놀이터, 사랑놀이터, 긴 미끄럼틀 놀이터 등
- 교사는 바깥놀이터의 이름을 칠판에 적거나 사진을 붙여준다.
  - 긴 미끄럼틀 놀이터, 산책, 운동장, 뒷동산 등
- 유아는 놀이하고 싶은 곳에 자신의 이름표를 붙인다.
- 가장 선택을 많이 받은 장소에서 바깥 놀이를 한다.

♥ 헬퍼나라쌤의 TIP

- 유아가 놀고 싶은 바깥놀이터를 선택할 때는 교실에서 사용하는 이름표를 활용할 수 있다.
- 처음에는 별도의 시간을 내어 바깥 놀이 공간을 정해보고, 익숙해지면 바깥 놀이 공간의 사진이나 이름을 칠판에 붙이거나 적은 후 등원 후 아침시간이나 자유놀이, 전이시간 등을 활용해 자유롭게 바깥 놀이 공간을 선택할 수 있도록 한다.
- 바깥 놀이를 할 수 있는 공간이 한정적이라면 유치원 주변의 공원이나 공터 등을 활용할 수 있다.

16 놀이터 안전지킴이 되기

내용 안전 지도하기 연령 만 4, 5세

바깥 놀이의 규칙에 대해 알아본 후 '언제나 조심조심' 동화(안전지킴이가 놀이터에서 사고난 동물들을 도와주는 내용)를 바탕으로 놀이터 안전지킴이를 정할 수 있다. 역할놀이를 통해 바깥 놀이 규칙에 대해 알아볼 수 있다.

앗! 다롱이가 그네에서 떨어져 엉덩방아를 찧었어요.
"아얏, 낑낑!" 엉덩이가 아파요.
원숭이 아저씨가 다롱이를 보고 달려왔어요.

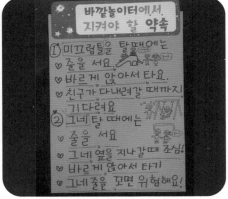

⭐ 준비해주세요!

- '언제나 조심조심' 동화, 바깥 놀이 규칙 종이, 매직, 안전지킴이 조끼, 호루라기

⭐ 놀이방법입니다!

- '언제나 조심조심' 동화를 듣고 이야기를 나눈다.
  - "원숭이는 언제 호루라기를 사용했나요?"
- 유아와 함께 바깥 놀이에서 지켜야 할 규칙을 정한다.
- 우리 반 놀이터 안전지킴이를 정한다.
  - "놀이터 안전지킴이는 어떤 일을 하는 것이 좋을까요?"
- 바깥 놀이를 한다.
- 바깥 놀이 중 규칙을 지키지 않는 유아가 있으면 놀이터 안전지킴이가 호루라기로 신호를 보낸다.
- 놀이터 안전지킴이와 함께 바깥 놀이 활동을 평가한다.
  - "안전지킴이가 알려주는 대로 놀이터에서 놀았나요?"

♥ 그래쌤의 TIP

- 안전지킴이 유아는 조끼나 목걸이를 착용한다.
- 안전지킴이 역할을 충분히 탐색한 다음 활동하도록 한다.
- 바깥 놀이 규칙을 적을 때 그림을 넣어 유아의 이해를 돕는다.
- 참고: 4세 건강과 안전 P.188 – 놀이터 안전지킴이 놀이

17 안전한 바깥놀이터 만들기

내용 안전 지도하기 **연령** 만 4, 5세

유아들은 놀이에 집중하면 각종 시설의 위험에 대해 잊어버릴 때가 있다. 또한 호기심이 왕성해서 위험한 행동인 줄 알면서도 시도해볼 때가 있다. 유아들과 유치원 바깥놀이터를 둘러보며 위험한 곳을 찾아보고, 안전하게 놀이하는 방법에 대해 알아보는 시간을 가진다.

- 위험표시 틀 종이, 색연필, 사인펜, 코팅기, 가위, 글루건

★ 놀이방법입니다!

- 놀이터를 돌아다니며 위험한 곳을 찾아본다.
- 위험한 곳을 찾으면 '위험해요'라고 말하고, 이유를 설명한다.
- 교실로 돌아와서 나눠준 틀 안에 위험을 나타내는 위험표시를 그린다.
  - "위험표시가 있으면 어떤 점이 좋을까요?"
- 자신이 그린 위험표시를 가위로 오린다.
- 교사는 유아가 그린 위험표시를 코팅해준다.
- 코팅된 위험표시를 가위로 오린다.
- 유아가 위험하다고 생각한 곳에 위험표시를 붙인다.(투명시트지 활용)

♥ 헬퍼나라쌤의 TIP

- 유아들이 찾은 위험한 곳 사진을 찍어 교실에 와서 이야기를 나눌 수 있다.
- 다양한 위험 관련 표지판을 본 후 나만의 위험표시를 그린다.
- 위험표시를 만들 수 있는 틀(동그라미, 세모, 네모 등)을 제공하도록 한다.
- 바깥 놀이 시 수시로 유아들이 붙여놓은 안전표시를 보며 안전교육을 실시한다.
- 어린 반 유아들이 있다면, 안전이라고 붙여진 곳이 왜 위험한지에 대해 형님들이 직접 알려주도록 할 수 있다.

18 우리 반 약속 보물찾기

내용 일과 지도하기 연령 만 4, 5세

이야기 나누기 전에 교실 곳곳에 숨겨져 있는 약속 그림을 찾아내는 보물찾기 놀이를 한다. 유아들이 찾아낸 그림을 직접 소개하면서 어떤 약속을 지켜야 하는지 함께 이야기 나눈다.

- 우리 반 약속 그림 종이

- 우리 반 약속이 그려진 종이를 교실에 숨긴다.
- 정해진 시간 동안 보물을 찾는다.
- 1인당 3개로 찾을 수 있는 보물을 제한한다.
- 3개를 다 찾은 유아는 이야기 나누기 자리로 모인다.
- 자신이 찾은 보물을 펼친다.
- 1명씩 나와 우리 반 약속을 소개한다.
  - "교실에서는 걸어다녀야 해."
  - "화장실에서는 슬리퍼를 정리해야 해."
  - "친구의 장난감을 뺏어 가면 안 돼."

♥ 그래쌤의 TIP

- 3개를 다 찾은 유아는 아직 보물을 찾지 못한 유아를 도와주는 방법으로 바꿀 수 있다.
- 잘못된 행동을 하고 있는 그림은 지켜야 할 약속으로 바꿔 말하도록 한다.
- 보물을 찾는 동안 신나는 동요를 들려준다.
- 참고: 3세 유치원과 친구 P.134 - 우리 반에서는 어떤 규칙을 지켜야 할까요?

19 릴레이 기차놀이

내용 줄서기 연령 만 3, 4, 5세

　음악에 맞춰 움직이다가 신호에 맞춰 친구들과 가위바위보를 통해 기차를 만들어 보는 활동이다. 처음에는 2명이 만나서 기차를 만들고, 다음에는 4명이 기차를 만들며 모두 한 줄이 될 때까지 가위바위보를 하며 기차놀이를 한다.

★ 준비해주세요!

- '그대로 멈춰라' 동요, 호루라기

★ 놀이방법입니다!

- 교실에 자유롭게 선다.

- 노래에 맞춰 교실을 돌아다닌다.

- 교사의 호루라기 신호에 따라 2명의 친구가 만난다.

  ♬ "즐겁게 춤을 추다가 2명(4명…)이 만나요."

- 만난 2명의 친구는 가위바위보를 한다.

- 진 사람은 이긴 사람 뒤에 선 다음 어깨에 손을 올려 기차를 만든다.

- 다시 노래에 맞춰 교실을 돌아다닌다.

- 교사의 호루라기 신호에 따라 2명(4명, 8명…) 기차 친구가 만난다.

- 가위바위보를 하며 한 줄이 될 때까지 놀이를 반복한다.

- 한 줄 기차가 되면 교실 이곳저곳을 돌아다닌다.

- 함께 모여 유치원에서 한 줄 기차가 필요한 곳에 대해 이야기를 나눈다.

  - 한 줄 기차를 해야 하는 이유

  - 한 줄 기차를 하면 좋은 점

  - 한 줄 기차를 하지 않았을 때 생기는 문제점

♥ 헬퍼나라쌤의 TIP

- 만 3세 유아는 백업이나 줄 등의 도구를 이용하여 기차놀이를 할 수 있다.

- 충분한 공간을 확보한 후 안전하게 기차놀이를 한다.

- 놀이를 충분히 한 후 줄서기의 필요성에 대해 이야기를 나눈다.

20 사이좋은 친구 빙고 게임

내용 관계 형성하기 연령 만 3, 4, 5세

주사위를 던져 친구와 사이좋게 지내는 그림이 나오면 빙고판에 그림을 채울 수 있는 게임이다. 이 활동을 통해 친구를 도와주는 방법과 친구 간에 지켜야 할 예의를 알 수 있다.

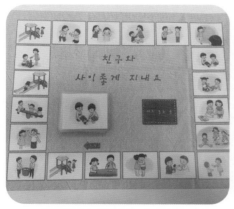

★ 준비해주세요!

- 게임판, 빙고판(3×3), 그림카드(친구와 사이좋게 지내는 그림), 주사위, 게임말

★ 놀이방법입니다!

- 게임판의 그림을 보면서 이야기를 나눈다.
  - "친구와 사이좋게 지내는 그림에는 어떤 것이 있나요?"
- 빙고판을 1개씩 나눠 갖는다.
- 주사위를 돌려서 순서와 게임말을 정한다.
- 순서대로 주사위를 던져 나온 숫자만큼 게임판에 있는 말을 움직인다.
- 도착한 곳의 그림이 친구와 사이좋게 지내는 그림이면 빙고판에 그림 카드를 붙인다.
- 빙고판에 그림을 모두 채우는 사람이 승리한다.
- 게임을 평가하며 친구와 사이좋게 지내는 방법에는 무엇이 있었는지 이야기 나눈다.

♥ 그래쌤의 TIP

- 연령에 따라 빙고판의 크기를 다르게 제작할 수 있다.
- 유아가 직접 게임판을 제작하거나 재구성할 수 있다.
- 게임판에 있는 그림을 활용하여 이야기 나누기를 실시할 수 있다.
- 참고: 4세 유치원과 친구 P.161 – 사이좋은 친구 빙고 게임

21 가라사대 놀이

내용 관계 형성하기 연령 만 4, 5세

교사가 하는 말을 주의 깊게 잘 들을 수 있도록 도와주는 게임이다. 선생님이 '가라 사대'라는 말을 붙인 경우에만 그 동작을 따라하는 놀이로 상대방의 말을 주의 깊게 듣는 태도와 순간적 판단력 향상에 도움이 된다.

★ 놀이방법입니다!

- 교사가 '가라사대'를 붙인 지시에만 행동을 한다.
- 가라사대를 붙이지 않는 행동은 하지 않는다.
- 지시를 듣고 행동을 하지 않아도 탈락한다.
  - "가라사대 게임을 시작하겠습니다. 가라사대 오른손 올리세요. 왼손도 올리세요. 왼손을 올린 친구들은 탈락의자로 가주세요. 나머지 친구들은 아주 잘했습니다. 양손 내려주세요. 진짜로 내려도 됩니다."
  - "가라사대 오른손 내리세요. 아니 왼손 내리세요."
  - "가라사대 박수 한 번 시작, 가라사대 박수 2번 시작, 박수 5번 시작, 박수 한 번 더 시작"
  - (5명 이하) "지금까지 한 번도 안 틀린 친구는 손들어보세요. 이 친구들에게 선물을 주겠습니다. 앞으로 나와 주세요." (나오면 탈락)
- 마지막 1명이 남을 때까지 반복한다.

♥ 그래쌤의 TIP

- 게임 시작 전 가라사대 게임의 시작과 끝의 신호를 알려준다.
- '가라사대'에 지시어 1개씩만 사용하도록 한다.
- '가라사대' 대신 반 이름을 사용할 수도 있다.
- 이 게임에 익숙해지면 만 5세는 '청개구리' 가라사대로 변형하여 반대 동작을 지시할 수 있다.
- 참고: 4세 유치원과 친구 P.141 – 약속의 말 듣고 행동하기

22 씩씩하게 발표하기

내용 일과 지도하기 연령 만 4, 5세

아이들이 자신감 있게 자신의 생각을 이야기할 수 있도록 돕는 활동이다. 생활주제별 동시, 동요를 자유놀이 시간이나 쉬는 시간을 활용하여 교사와 1:1로 발표를 한다. 꾸준히 활동하다 보면 자연스럽게 발표 자세를 개별적으로 지도할 수 있다.

★ 준비해주세요!

- 생활주제별 동시 · 동요 활동지, 브리핑 파일

★ 놀이방법입니다!

- 유아의 발달 수준과 흥미에 알맞은 동시 또는 동요를 선정한다.
- 대집단으로 모여 바른 발표 자세에 대해 이야기를 나눈다.
  - 발표 시 발을 약간 벌리고, 손을 가볍게 쥐어 차렷 자세하기
  - 가슴은 펴고, 시선은 정면을 향하기
  - 알맞은 크기의 목소리, 정확한 발음으로 말하기
- 자유놀이 시간과 쉬는 시간을 활용하여 교사와 1:1로 발표한다.

♥ 그래쌤의 TIP

- 처음에는 반복되는 내용, 리듬감이 있는 동시, 동요를 선정한다.
- 발표 후 칭찬스티커 또는 도장을 줄 수 있다.
- 3월 초보다는 학급 분위기가 안정될 때 시작하는 게 좋다.
- 교사의 시범, 모델링, 모둠끼리 익히기, 부모님과 함께 익히기 등 다양한 방법으로 반복 지도한다.
- 브리핑 파일을 삼각대로 세워 활동지나 작품을 전시할 수 있다.
- SNS나 활동지를 이용하여 가정과 연계하면 효과가 더 좋다. 가정에 이 활동을 하는 이유를 자세히 알려주면 연계가 더 잘 이루어진다.

유치원에서 만난 친구

5주

3월 5주 연령별 주간교육계획안 예시

	20○○.○○유치원/어린이집 '만 3세' 제5주 교육계획안		생활주제	유치원과 친구	
			주 제	함께하는 만드는 약속	
목 표	• 통학버스, 바깥놀이터, 유치원 실내에서 지켜야 할 약속을 안다. • 유치원은 선생님, 친구들과 함께 즐겁게 지내는 곳임을 안다.				
날짜(요일) 활동	30일(월)	31일(화)	1일(수)	2일(목)	3일(금)
소주제	놀이하는 시간에는	통학버스 약속	손 씻기 약속	급 간식 먹기	바깥놀이터 약속
맞이하기	• 눈 마주치기, 안아주기, 하이파이브, ET 인사, 손 점프 터치로 따뜻하게 맞아주기				
함께 모여 인사 나누기	• '안녕' 노래로 인사를 해요 • ○○는 어디 있나				
자유놀이 및 자율간식	유아가 하고 싶은 놀이하기				
함께하는 놀이	예쁘게 놀이하고 있는 그림을 찾아라	통학버스에 바르게 타고 내리는 연습을 해요	움직이는 세균 관찰하기 5분 안전교육	맛있는 간식 만들기	안전한 바깥놀이터 만들기
관계형성놀이	술래잡기, 무궁화 꽃이 피었습니다, 숨바꼭질				
바깥 놀이	바깥 놀이터에서 놀이하기				
가정통신문	♡ 유치원 생활 5주차에 접어들었습니다. 유아들이 조금씩 유치원 생활에 익숙해지고 있습니다. 유아들의 유치원 생활에 대해 2시 이후 전화 상담을 통해 알려드리도록 할 예정입니다. 혹시 통화가 어려우신 부모님께서는 개별 연락 주시기 바랍니다. ♡ 유치원 일과 시작 시간은 9시입니다. 유아들이 함께 하루를 시작할 수 있도록 등원 시간을 지켜주시기 바랍니다. ♡ 손 씻기 약속에 대해 지도했습니다. 가정에서도 유아와 함께 깨끗한 손 씻기를 실천하여 주시기 바랍니다.				

※ 유치원의 상황 및 유아의 흥미에 따라 변동될 수 있습니다.

20○○.○○ 유치원/어린이집 '만 4세' 제5주 교육계획안		생활주제	유치원과 친구
		주 제	유치원에서 만난 친구

목 표	• 친구와 함께하는 즐거움을 안다. • 친구 간에 지켜야 할 예절을 알고 지킨다.				
날짜(요일) 교육내용	3/30(월)	3/31(화)	4/1(수)	4/2(목)	4/3(금)
소주제	친구와 함께하기		친구와 사이좋게 지내기		
등원 및 아침 인사	반갑게 인사하기, 출석체크하기				
자유 놀이	언어	그런 게 친구야	친구와 텔레파시			
	미술	친구 막대인형 만들기	실 전화 만들기			
	과학/음률	실 전화로 친구 목소리 듣기	친구하고 마주보고(♬)			
정리정돈 및 평가 인사 및 간식	정리정돈하기, 자유놀이 평가하기, 하루 일과 알아보기, 간식 5분 생활안전교육(월)				
대·소집단 활동	신체	이야기 나누기	동요 & 율동	수·조작 & 이야기 나누기	놀이
	꼬마 피구	우리 반 역할 정하기	친구하고 마주보고	사이좋은 친구 빙고 게임하기	친구와 하고 싶은 놀이하기
바깥놀이	자유놀이, 우리 반에 왜 왔니?				놀이터
가정통신문	♡ 5주에는 친구와 함께하는 놀이를 통해 친구의 의미에 대해 생각하고 친구와 사이좋게 지내는 방법을 익힙니다. ♡ 3월에는 우리 반에서 지켜야 할 규칙과 기본생활습관에 대해 집중적으로 알아보고자 합니다. 되도록 결석을 하지 않도록 도와주시면 감사하겠습니다. ♡ 유치원 등·하교 시 교통안전에 특히 유념해서 안전하게 다닐 수 있도록 가정에서 지도바랍니다. 상황과 환경에 따라 활동이 융통적으로 변경될 수 있습니다.				

		20○○.○○유치원/어린이집 '만 5세' 제5주 교육계획안		생활주제	유치원과 친구		
				주 제	유치원에서 만난 친구		

목 표		• 친구와 함께 놀이하는 즐거움을 느낀다. • 친구 간에 지켜야 할 예절을 알고 지킨다.				
날짜(요일) 교육내용		3/30(월)	3/31(화)	4/1(수)	4/2(목)	4/3(금)
소주제		친구와 함께하기		친구와 사이좋게 지내기		
등원 및 아침 인사		반갑게 인사하기, 출석체크하기, 자유선택활동 계획하기				
자유 선택 활동	쌓기/역할	친구와 함께 미션 수행하기				
	언어	그런 게 친구야	털실로 이루어지는 우리 반			
	수·조작	친구 빙고게임				
	미술	친구 얼굴 반쪽 완성하기				
	과학/음률	실 전화로 친구 목소리 듣기	친구하고 마주보고			
정리정돈 및 평가		정리정돈하기, 자유선택활동 평가하기, 하루 일과 정하기				
대소 집단 활동	이야기 나누기	5분 안전교육				
	동화/ 동시/동극					만약에 친구가 없다면
	신체/ 게임				친구 빙고 게임하기	친구와 하고 싶은 놀이하기
	음률/ 과학/역할			친구하고 마주보고		
	미술/ 언어	멋진 우리 반 만들기	친구 얼굴 반쪽 완성하기			
	바깥 놀이	놀이하고 싶은 공간과 도구 선택하여 놀이하기				놀이터
가정통신문		♡ 5주에는 친구와 함께하는 놀이를 통해 친구의 의미에 대해 생각하고 친구와 사이좋게 지내는 방법을 익힙니다. ♡ 3월에는 우리 반에서 지켜야 할 규칙과 기본생활습관에 대해 집중적으로 알아보고자 합니다. 되도록 결석을 하지 않도록 도와주시면 감사하겠습니다. ♡ 유치원 등·하교 시 교통안전에 특히 유념해서 안전하게 다닐 수 있도록 가정에서 지도바랍니다. 상황과 환경에 따라 활동이 융통적으로 변경될 수 있습니다.				

4월 1주 주간교육계획안

<table>	20○○.○○유치원/어린이집 '만 3세' 제6주 교육계획안	생활주제	유치원과 친구
		주 제	우리 반 친구들

목 표	• 친구들과 즐겁게 놀이하며 친해지는 시간을 가진다. • 유치원은 선생님, 친구들과 함께 즐겁게 지내는 곳임을 안다.				
날짜(요일) 활동	6일(월)	7일(화)	8일(수)	9일(목)	10일(금)
소주제	친구와 함께 놀기				유치원에서 일하시는 선생님
맞이하기	· 눈 마주치기, 안아주기, 하이파이브, ET 인사, 손 점프 터치로 따뜻하게 맞아주기				
함께 모여 인사 나누기	· '안녕' 노래로 인사를 해요 　 · ○○는 어디 있나 　 · 하루 일과 소개하기				
자유놀이 및 자율간식	유아가 하고 싶은 놀이하기				
함께하는 놀이	친구와 선생님과 인사 놀이 ① 그대로 멈춰라 ② 친구하고 마주보고	짝꿍 놀이 ① 예뻐져라 내 짝꿍 ② 친구 얼굴 카드 뒤집기	친구와 함께 사랑의 미션 수행하기	즐거운 신문지 놀이	유치원 선생님 찾기
	음 악		5분 안전교육	음 악	
	친구야 나는 너를 사랑해			친구야 나는 너를 사랑해	
바깥 놀이	놀이터		유아들이 선택한 공간에서 놀기		
가정통신문	♡ 유치원 친구들과 즐겁게 놀이하며 보내는 주입니다. 결석하지 않고, 친구들과 즐거운 놀이 시간 많이 가질 수 있도록 해주시기를 부탁드립니다. ♡ 유치원 일과 시작 시간은 9시입니다. 유아들이 함께 하루를 시작할 수 있도록 등원 시간을 지켜주시기 바랍니다. ♡ 10일(금)은 실내화를 가정으로 보내니 세탁하셔서 유치원으로 보내주시기 바랍니다. ♡ 영유아 건강검진을 하신 부모님께서는 결과서를 유치원으로 보내주시기 바랍니다.				

※ 유치원의 상황 및 유아의 흥미에 따라 변동될 수 있습니다.
※ **만 3세 반의 경우 생활주제 '유치원과 친구'를 1~2주 더 계획**하여 여유를 가지고 기본생활 습관을 지도할 수 있습니다.

Q. 4월 1주 주간교육계획안은 무엇인가요?

대부분의 유치원에서 생활주제 '유치원과 친구'는 4~5주로 운영합니다. 그러나 유치원에 처음 오는 만 3세 유아의 경우 3월 1주 아빠, 엄마와 떨어지기 어려워하는 유아가 많고, 유아의 발달 수준에 따라 교사가 계획된 활동을 진행하기 어려울 때가 있습니다. 좀 더 여유를 갖고 다른 연령보다는 '유치원과 친구'를 1~2주 더 계획하여 유아의 유치원 적응을 도울 수 있습니다.

01 우리 반 역할 정하기

내용 관계 형성하기 연령 만 4, 5세

교실에 필요하면서도 유아들이 할 수 있는 일을 알아보고 세분하여 맡겨본다. 작은 일이지만, 각자 맡은 역할을 수행하면서 책임감이 쑥쑥 자라나게 될 것이다.

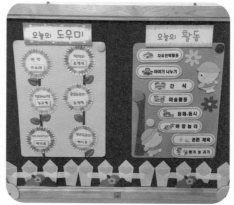

- 상황 그림, 역할 활동판, 이름표

★ 놀이방법입니다!

- 우리 반에 필요한 역할 중 내가 할 수 있는 일은 무엇인지 이야기 나눈다.
  - 간식(우유) 가지고 오기
  - 텔레비전 켜고 *끄*기
  - 전기 켜고 *끄*기
  - 우리 반 이름표 정리하기
  - 수첩 바구니 정리하기
  - 날짜판 바꾸기
  - 화분에 물주기
  - 칠판 지우고 정리하기
- 역할을 정해본다.

♥ 그래쌤의 TIP

- 역할은 매일 변경하는 것보다 주 1회 바꾸는 것이 더 효과적이다.
- 역할을 다양한 방법으로 정해볼 수 있다.
  - 가위바위보, 막대 뽑기, 산가지 놀이, 토의, 양보 등
- 환경판을 교실 벽면에 부착하여 역할 활동이 지속적으로 수행될 수 있도록 격려한다.
- 참고: 5세 유치원과 친구 P.99 – 도우미가 필요해요

02 우리는 모두 대장

내용 관계 형성하기 연령 만 4, 5세

내가 잘하는 점에 대해 친구들에게 소개하는 활동이다. 우리는 모두 다르기 때문에 더 특별하므로 자신을 소중히 여기고 더불어 다른 친구들도 존중할 수 있도록 돕는다.

★ 준비해주세요!

- 포스트잇, 네임펜, 4절 종이(마인드맵 종이), 손인형 또는 모자

★ 놀이방법입니다!

- 포스트잇에 내가 잘하는 것에 대장을 붙여 마인드맵을 만든다.
  - 달리기 대장, 피구 대장, 칭찬 대장, 웃음 대장, 그리기 대장 등
- 동그랗게 앉아 '우리는 모두 대장' 마인드맵을 보며 함께 이야기를 나눈다.
- 손인형으로 나에 대해 소개한다.
  - "나는 그림을 잘 그리니까 그리기 대장이야."
  - "나는 공을 잘 던지는 피구 대장이야."
- 모든 유아가 특별함과 장점을 가지고 있음을 이야기 나눈다.

♥ 그래쌤의 TIP

- 손인형 또는 모자, 지팡이 등을 이용하여 이야기할 수 있다.
- 교사가 평상시에도 각 유아가 지닌 장점과 특별함을 격려해준다.
- 참고: 인성교육프로그램 장학자료 P.85 – 우리는 모두 대장

03 깨끗한 손 딱지놀이

내용 손 씻기　**연령** 만 4, 5세

딱지 양면에 손 씻기와 관련된 그림을 붙여 딱지치기를 한다. 깨끗이 손 씻는 그림이
나오면 우리 팀의 손을 씻어야 하는 상황 그림을 떼어내는 게임이다.

- 손 기본판(양면-더러운 손, 깨끗한 손) 2개, 손을 씻어야 하는 상황 그림 2개씩, 딱지 2개(양면-손 씻는 그림, 안 씻는 그림)

★ **놀이방법입니다!**

- 손을 씻어야 하는 상황 그림을 보며 이야기 나눈다.
  - 손을 씻어야 하는 상황: 밖에 나갔다가 들어왔을 때, 밥 먹기 전, 화장실 사용 후, 동물을 만진 후, 기침을 한 후 등
  - "손에 있는 세균들을 없애려면 어떻게 해야 할까요?"
- 두 팀으로 나눠 상황 그림이 붙어 있는 더러운 손 기본판을 하나씩 갖는다.
- 손 씻기 관련 그림이 있는 딱지로 상대방의 딱지를 친다.
- 상대방의 딱지가 뒤집어지면 더러운 손에서 상황 카드를 한 장씩 떼어낸다.
- 다섯 장의 카드를 먼저 떼어낸 팀은 손 기본판을 뒤집어 깨끗한 손이 나오면 게임이 끝난다.

♥ **그래쌤의 TIP**

- 딱지로 뒤집기가 어려운 경우 연령과 발달 수준에 맞춰 게임 방법을 변경할 수 있다.
  - 2개의 딱지를 던져 깨끗한 손이 2개 나오면 상황 카드 제거하기
  - 뒤집지 않고 딱지만 맞춰도 상황 카드 제거하기
- 참고: 3세 건강과 안전 P.91 - 깨끗한 나의 손

04 우리 반 친구 할리갈리

내용 관계 형성하기 연령 만 4, 5세

　할리갈리 보드게임을 응용하여 만든 놀이이다. 과일 그림 대신 우리 반 친구들의 얼굴 사진을 넣는다. 친구와 함께할 수 있는 재미있는 게임이기도 하지만, 카드를 보는 것 자체만으로도 아이들 입가에 미소가 생겨나는 활동이다.

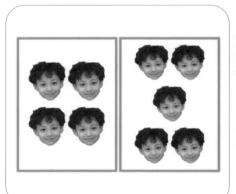

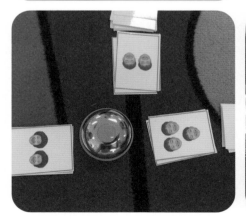

⭐ 준비해주세요!

- 친구 얼굴 사진이 1~5까지 담긴 카드, 종

⭐ 놀이방법입니다!

- 4~5명으로 모둠을 나눈다.
- 카드를 똑같이 나눠 갖은 후 본인 앞에 놓는다.
- 돌아가며 카드를 뒤집는다.
- 같은 친구의 얼굴의 수가 5가 되면 종을 친다.
- 종을 빨리 친 사람이 앞에 나와 있는 카드를 모두 가져간다.
- 보너스 카드가 나올 경우 수와 상관없이 종을 빨리 친 사람이 카드를 가져간다.
- 종을 잘못 친 경우 벌칙으로 친구들에게 카드를 1장씩 준다.
- 카드가 없어지면 게임에 참여할 수 없다.
- 2명이 남을 때까지 게임을 한다.
- 카드의 수를 비교하여 많이 가지고 있는 사람이 승리한다.

💙 그래쌤의 TIP

- 카드에 아이들의 얼굴만 나오도록 배경을 미리 제거한다.
- 게임을 하기 전에 5가 될 수 있는 경우의 수를 미리 알아본다.
- 카드를 뒤집을 때 상대편 쪽으로 돌려서 놓기로 규칙을 정한다.
- 카드를 뒤집으면서 친구의 이름을 불러주도록 한다.
- 만 3, 4세의 경우 덧셈을 어려워하므로 같은 친구의 얼굴이 나오면 종을 치는 것으로 규칙을 변경한다.

05 친구 빙고 게임

내용 관계 형성하기 연령 만 4, 5세

빙고판 속 친구 사진을 먼저 떼어내는 유아가 승리하는 게임이다. 게임을 할 때마다 친구 사진을 다르게 하여 빙고놀이판을 만들 수 있다. 직접 만든 놀이판을 이용하여 자연스럽게 친구 이름을 익힐 수 있는 놀이이다.

⭐ 준비해주세요!

- 빙고판, 유아 사진

⭐ 놀이방법입니다!

- 3×3 빙고판을 나눠 갖는다.
- 9명의 사진을 골라 게임판 위에 올려놓는다.
- 순서를 정한다.
- 1번 유아가 자신의 빙고판 위에 친구 이름을 말한다.
- 친구가 말한 사진을 빙고판에서 떼어낸다.
- 게임판 위에 있는 사진이 모두 없어지면 '빙고' 라고 외친다.

💜 그래쌤의 TIP

- 소인수 학급에서는 사진과 동물 그림을 함께 넣어 게임을 한다.
- 글자를 잘 아는 유아는 이름 카드로만 게임을 해본다.
- 게임이 익숙해지면 3줄을 먼저 만드는 사람이 이기는 게임으로 변형할 수 있다.
- 참고: 5세 유치원과 친구 P.131 − 친구 빙고 놀이

06 코!코!코! 내 친구

내용 관계 형성하기 연령 만 3, 4세

코!코!코! 놀이는 영아들도 좋아하는 아주 쉬운 놀이이며, 주의 집중이 필요할 때 활용할 수 있다. 신체 부위 외에 호명된 친구를 찾아보면서 친구 이름을 알 수 있는 활동이다.

★ 놀이방법입니다!

- 코!코!코! 놀이를 한다.
    - 코코코 입, 코코코 귀, 코코코 눈
- 코!코!코! 다음에 친구의 이름을 넣는다.
    - 코코코 나라
- 친구의 이름이 불리면 손으로 친구를 가리킨다.
- 지명 받은 유아는 친구의 이름을 넣어 구호를 외친다.
    - 코코코 유진!
- 반복해서 놀이하며 반 친구의 이름 외울 수 있도록 한다.

♥ 헬퍼나라쌤의 TIP

- 친구들의 이름을 외우기 위해 짬나는 시간에 할 수 있는 놀이이다.
- 처음에는 교사가 구호를 외치고, 놀이가 익숙해진 뒤에는 유아가 돌아가며 구호를 외치며 친구 이름을 부를 수 있게 한다.
    - 코코코 ○○!

07 우리 반에 왜 왔니?

내용 관계 형성하기 연령 만 4, 5세

'우리 집에 왜 왔니' 놀이를 '우리 반'으로 변형한 놀이이다. 친구들의 이름이 어느 정도 익숙해진 상태에서 친구들의 이름을 부르며 놀이를 하는 과정을 통해 친구들과 함께하는 즐거움을 느낄 수 있다.

★ **놀이방법입니다!**

▪ 두 팀으로 나눈다.

▪ 팀끼리는 손을 잡고, 옆으로 선다.

▪ 두 팀은 마주보고 선다.

▪ '우리 반에 왜 왔니' (우리 집에 왜 왔니) 노래를 부른다.

　　♬ 우리 반에 왜 왔니 왜 왔니 왜 왔니

　　　친구 찾으러 왔단다 왔단다 왔단다

　　　어떤 친구 찾으러 왔느냐 왔느냐

　　　○○○를 찾으러 왔단다 왔단다。가위바위보~!

▪ 노래를 부르며 한 팀은 뒤로, 다른 한 팀은 앞으로 걸어간다.

▪ 이름이 불린 유아와 이름을 부른 유아는 한 걸음씩 나와 마주보고 선다.

▪ 가위바위보를 해서 진 친구가 이긴 친구 팀으로 온다.

♥ **헬퍼나라쌤의 TIP**

▪ 친구 이름을 부를 유아의 순서는 미리 정한다.

　– 앞 쪽부터 순서대로, 뒤 쪽부터 순서대로, 이름으로 정해주기

▪ 친구들의 이름을 골고루 부를 수 있도록 한다.

▪ 교사도 함께 참여하여 이름이 불리지 않은 친구를 파악하여 이름을 불러준다.

08 친구 얼굴 카드 뒤집기

내용 관계 형성하기 연령 만 3, 4, 5세

색깔 카드 뒤집기를 활용한 놀이다. 카드 앞면에는 학급 유아의 사진을 뒷면에는 캐릭터나 다른 인물의 사진을 붙여 정해진 시간 동안 친구들의 얼굴을 많이 뒤집어 보고, 없는 친구가 누구인지 찾아보며 우리 반 친구에 대해 관심을 갖는 활동이다.

- 양면 사진 카드(앞면에는 학급 유아 사진, 뒷면에는 다른 인물 사진)

- 두 팀으로 나눈다.
- 바닥에 유아의 사진이 보이는 면과 캐릭터가 보이는 면을 반반씩 해서 펼쳐 놓는다.
- 정해진 시간 동안(1분) 사진 카드를 뒤집는다.
- 한 팀은 우리 반 사진이 보이게, 한 팀은 다른 인물 사진이 보이게 카드를 뒤집는다.
- 카드 뒤집기를 여러 번 반복한다.
- 정해진 시간이 끝나면 우리 반 친구 사진 중 누가 없는지 찾아본다.
- 사진이 없는 친구의 이름을 부르거나 친구를 손으로 가리킨다.
- 우리 반 친구를 모두 찾으면 끝난다.
- 팀을 바꾸어서 해본다.

♥ 헬퍼나라쌤의 TIP

- 사진의 크기는 A4 1/4 크기 정도로 너무 작지 않게 준비한다.
- 친구 사진을 앞에, 다른 인물 사진이나 캐릭터를 뒤에 붙여 양면으로 사용하도록 만들어 놀이한다.
- 친구 사진과 다른 인물 사진 카드 테두리를 서로 다른 색으로 하여 색으로도 구별할 수 있도록 한다.

09 친구 부루마블

내용 관계 형성하기 연령 만 4, 5세

부루마블 게임을 변형하여 우리 반 친구 이름을 맞히는 퀴즈를 조합하여 만든 놀이
이다. 부루마블처럼 도착한 땅을 사서 통행료를 받거나 팔 수 있는 게임이다.

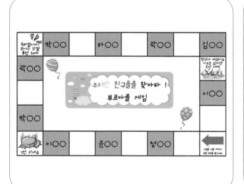

⭐ 준비해주세요!

- 수 세기 칩 또는 바둑알, 게임판, 땅표시 조각, 게임말

⭐ 놀이방법입니다!

- 코인 15개를 나눠 갖은 후 가위바위보를 통해 순서를 정한다.
- 주사위를 던져 숫자만큼 이동한다.
- 이동한 칸의 이름을 맞히면 코인 3개로 땅을 살 수 있다.
    - 친구 이름을 맞히면 사진을 게임칸에 놓는다.
    - 땅을 살 경우 자기 땅 표시를 할 수 있도록 한다.
    - 자기 땅에 도착할 경우 은행에 코인 5개를 받고 땅을 팔수 있다.
    - 한 바퀴를 돌 때마다 코인 5개씩 받을 수 있다.
    - 보너스 칸에 도착한 경우 은행으로부터 코인 10개를 받을 수 있다.
    - 게임판에 1회 쉬기 또는 함정 등을 만들 수 있다.
- 다른 친구의 땅에 들어가면 코인 2개를 통행료로 낸다.
- 정해진 시간 동안 또는 3바퀴 이후 코인의 개수가 많은 사람이 승리한다.

♥ 그래쌤의 TIP

- 글자를 모르는 유아는 사진으로 게임판을 만들 수 있다.

10 친구 이름 보물찾기

내용 관계 형성하기 연령 만 5세

교실 곳곳에 숨겨져 있는 글자 카드를 찾아 같은 팀 친구들의 이름을 완성하는 한글 놀이 활동이다. 친구 이름을 익히는 데 도움이 되며 같은 팀 친구와 협력하여 놀이할 수 있다.

■ 이름이 있는 사진, 이름표, 조끼

★ 놀이방법입니다!

■ 2개의 팀으로 나눈다.

■ 한 팀은 눈을 가리고 있거나 엎드린다.

■ 다른 팀 친구들이 이름 보물을 숨긴다.

■ 교실을 돌아다니며 친구 이름을 찾는다.

■ 이름 보물 종이를 찾으면, 그 친구를 찾아 등에 붙여준다.

■ 이름을 모두 찾은 친구는 빙고를 외친다.

■ 빙고를 외친 유아의 이름표를 보며 함께 친구의 이름을 외친다.

♥ 그래쌤의 TIP

■ 이름 한 글자씩 보물종이를 만든다.

■ 연령의 수준을 고려하여 보물을 찾기 쉬운 곳에 숨긴다.

■ 이름을 다 찾은 후 TV 프로그램인 '런닝맨'에서처럼 이름표 떼기 놀이로 연결시킬 수 있다.

11 사라진 친구를 찾아라

내용 관계 형성하기 연령 만 4, 5세

'전체 VS. 1명'인 숨바꼭질이다. 모두 음악에 맞춰 움직이다가 엎드려 눈을 가린 상태에서 숨어버린 친구를 찾는 놀이이다. 나와 친한 친구뿐만 아니라 우리 반 친구 모두에게 관심을 갖도록 할 수 있는 놀이이다.

- 유아용 의자

★ 놀이방법입니다!

- 교사가 '따땅땅땅땅' ('작은 동물원' 동요 中)을 외친다.
- 유아가 '소라'라고 외치며 바닥에 엎드려 눈을 감는다.
- 교사는 숨을 유아 1명을 몰래 선택한다.
  - 등 짚어주기, 머리 만져주기 등
- 선택된 친구는 교실 밖으로 조용히 나가 준비된 의자에 앉는다.
- '땅' 소리에 맞춰 일어나 '그대로 멈춰라' 노래에 맞춰 춤을 춘다.
- 사라진 친구가 누군지 찾아본다.
- 유아들이 사라진 친구를 찾지 못할 경우에는 간단한 힌트를 주도록 한다.
  - "오늘 빨간색 옷을 입고 왔어요. 옷에 곰 인형 그림이 있었어요."
  - "오늘 머리를 높이 두 개로 묶고 왔어요. ○○모둠 친구예요."
- 사라진 친구의 이름을 맞춘다.
  - "○○야. 나와라."
- 교실 밖으로 나가 숨은 친구를 확인한다.

♥ 헬퍼나라쌤의 TIP

- 친구가 숨을 때는 눈을 뜨지 않도록 놀이 약속에 대해 이야기한다.
- 교실 밖에 의자를 놓아 숨은 유아가 다른 공간으로 가지 않고 의자에 앉아 기다리도록 한다.

12 즐거운 풍선 놀이

내용 관계 형성하기 연령 만 3, 4, 5세

풍선은 유아들이 좋아하고, 유치원에서 쉽게 구할 수 있다. 풍선은 1개만 가지고도 10개가 넘는 다양한 놀이를 할 수 있을 만큼 흥미로운 놀잇감이다. 풍선을 이용해 유아가 좋아하는 놀이를 혼자, 친구와 함께 즐겨보는 활동이다.

★ 준비해주세요!

- 풍선(유아 수만큼)

★ 놀이방법입니다!

- 두둥실 풍선 놀이
  - 유아들이 풍선을 1개씩 가진다.
  - 신호에 맞춰 풍선을 높이 올린 후 떨어지지 않도록 한다.
- 풍선 폭탄 놀이
  - 모둠별로 동그랗게 앉는다.
  - 풍선 1개를 노래가 끝날 때까지 빠르게 전달한다.
  - 노래가 끝나는 순간 풍선을 가지고 있는 유아는 벌칙을 수행한다.
- 함께하는 풍선 놀이
  - 모둠별로 동그랗게 앉는다(선다).
  - 모둠 유아가 돌아가며 손(발)을 이용해 풍선을 친다.
  - 오랫동안 풍선을 떨어뜨리지 않은 모둠이 승리한다.
- 풍선 안마 놀이
  - 2명씩 짝을 정하고, 1명은 눕는다.
  - 다른 1명이 풍선을 굴려가며 누워 있는 친구를 안마해준다.

♥ 헬퍼나라쌤의 TIP

- 풍선이 갑자기 터지면 놀라는 유아가 있으니 사전에 풍선이 터질 수 있음을 알려준다.
- 풍선놀이 시에는 잘 터지지 않는 전문가용 풍선을 구입해 사용하고, 풍선을 분 후 바람을 조금 빼낸 상태로 매듭을 묶어준다.

13 거미줄 놀이

내용 관계 형성하기 연령 만 4, 5세

　유아가 만든 거미줄에서 아래나 위로 통과해보거나 혼자 또는 친구와 함께 거미줄을 지나가며 온몸으로 하는 놀이이다. 테이프에 닿지 않고 통과하기, 거미줄 안에 있는 보물 구하기 등 다양한 변형 놀이도 가능하다.

★ 준비해주세요!

- 색테이프(유아 수만큼)

★ 놀이방법입니다!

- 유아는 교실에 있는 교구장, 책상, 의자, 피아노, 벽 등을 돌아다니며 자르지 않고, 테이프를 이어서 붙인다.
- 유아들이 테이프를 모두 붙이면 교실 한 공간에 모인다.
- 교실에 있는 테이프가 어떤 모습인지 이야기해본다.
- 거미줄이 완성되면 친구들과 함께 다양한 미션을 해본다.
  - 거미줄 아래로 통과해보기
  - 친구와 손잡고 거미줄 위로 건너보기
  - 거미줄에 닿지 않고 건너보기
  - 거미줄에 볼풀 공 붙여보기
  - 거미줄 속 술래잡기

♥ 헬퍼나라쌤의 TIP

- 교실에 테이프 시작점을 유아 수만큼 붙여놓으면 좀 더 쉽게 거미줄을 만들 수 있다.
- 거미줄 놀이 후 뜯은 테이프를 뭉쳐서 공놀이 등으로 확장할 수 있다.
- 의자와 책상을 교실 곳곳에 배치해두면 높이가 다양한 거미줄을 만들 수 있다.
- 유아수에 따라 교실 공간의 제한을 둘 수 있다.
- 거미줄을 만들 때 테이프에 걸려 넘어지지 않도록 주의한다.

14 한마음 신문지 놀이

내용 관계 형성하기 연령 만 3, 4, 5세

　모두의 힘이 필요한 공동체 놀이이다. 승패를 중요하게 생각하고 무조건 이기려고 하는 유아들에게 꼭 필요한 놀이로 신문지가 점점 줄어드는 과정에서 친구가 신문지 밖으로 나가지 않도록 협력하는 것이 필요하다.

★ 준비해주세요!

- 신문지 (유아 수만큼)

★ 놀이방법입니다!

- 유아는 신문 1장씩을 받는다.
- 유아는 자신의 신문지 위에 올라선다.
- 친구끼리 신문지를 붙이고, 그 위에 올라선다.
- 교사는 유아가 가진 신문지를 1장 가져온다.
- 신문지가 없어진 유아는 친구의 신문지로 이동한다.
- 계속해서 교사는 신문지 1~2장을 가져온다.
- 신문지가 없어진 유아는 친구의 신문지로 이동한다.
- 유아들은 신문지에서 떨어지지 않기 위한 방법을 생각해본다.
  - 서로 안아주기, 업어주기, 최대한 가까이 붙기 등

♥ 헬퍼나라쌤의 TIP

- 스토리텔링과 함께하면 더욱 재미있게 놀이할 수 있다.
  - "빙하에 사는 북극곰의 집이 사라졌어요."
  - "상어가 나타났다."
- 신문지를 반으로 접어가며 짝꿍끼리 활동을 할 수 있다.

15 꼬마 피구

내용 관계 형성하기 연령 만 3, 4, 5세

　동그랗게 모여 앉아 공을 굴려가며 동그라미 안에 들어 있는 친구를 맞히는 놀이이다. 친구가 굴린 공에 닿지 않으려 아슬아슬 피해가는 과정을 통해 긴장과 즐거움을 동시에 느낄 수 있다. 또한 공을 굴려보지 못한 친구들에게 공을 전달해주며 양보의 마음도 기를 수 있다.

▪ 공

★ 놀이방법입니다!

▪ 두 팀으로 나눈다.

▪ 공격팀과 수비팀을 정한다.

▪ 공격팀은 다리를 벌리고 큰 동그라미를 만든다.

▪ 수비팀은 공격팀이 만든 동그라미 안으로 들어간다.

▪ 공격팀은 공을 서로 전달하며 동그라미 안의 친구들을 맞힌다.

▪ 공에 맞은 친구들은 동그라미 밖으로 나와 기다린다.

▪ 1명이 남을 때까지 계속한다.

▪ 동그라미 안에 1명도 남지 않을 경우 역할을 바꿔서 다시 놀이한다.

♥ 헬퍼나라쌤의 TIP

▪ 1명의 친구가 남으면 숫자를 10을 세면서 공을 피하도록 하고, 모두 성공하면 놀이가 끝난다.

▪ 공은 던지지 않고, 바닥으로 굴릴 수 있도록 한다.

▪ 공을 피하며 부딪힐 수 있는 상황에 대해 이야기를 하며 안전에 유 하도록 한다.

▪ 소인수 학급에서는 1~2명만 수비팀이 되어 놀이를 한다.

16 내 사랑 내 친구 수건돌리기

내용 관계 형성하기 연령 만 5세

우리가 흔히 알고 있는 수건돌리기 놀이이다. 동그랗게 앉아 술래가 친해지고 싶은 친구에게 수건을 전달하고, 수건을 받은 친구는 다시 다른 친구에게 전달하며 놀이를 이어간다. 또한 수건을 전달하다가 술래에게 잡히면 유아가 정한 재미있는 벌칙을 수행한다.

⭐ 준비해주세요!

▪ 수건 또는 천, 친숙한 동요

⭐ 놀이방법입니다!

▪ 동그랗게 모여 앉는다.

▪ 술래를 정한다.

▪ 어떤 방향(오른쪽, 왼쪽)으로 돌지 정한다.

▪ 친숙한 동요를 함께 부른다.

▪ 술래는 노래가 끝나기 전에 내가 좋아하는 친구에게 수건을 전달하고 도망간다.

▪ 술래는 한 바퀴를 돌아 수건을 준 친구 자리에 앉는다.

▪ 수건을 받은 친구는 수건을 들고, 술래를 쫓아간다.

▪ 잡힌 술래는 벌칙을 수행하고, 잡지 못하면 해당 유아가 술래가 된다.
  – 벌칙: 친구 칭찬하기, 친구 안아주기, 사랑의 총알 쏘기 등

♥ 헬퍼나라쌤의 TIP

▪ 꼭 수건이나 천이 아니라 교실에 있는 다양한 물건을 활용할 수도 있다.

▪ 처음에는 한 방향으로만 이동하다 익숙해지면 술래가 원하는 방향으로 움직일 수 있도록 놀이를 변형할 수 있다.

▪ 좁은 교실에서 놀이하면 다칠 수 있으니 넓은 강당이나 유희실을 활용하고, 안전에 유의한다.

▪ 교사도 놀이에 함께 참여하여 수건을 받지 못해 속상해하는 유아가 있는지 파악하며 그들에게 기회를 제공한다.

17 사랑의 말 전달하기

내용 관계 형성하기 연령 만 4, 5세

    유아들은 그냥 얼굴을 보고 이야기하는 것보다 귀에 속삭이면 주의 깊게 들으려한 다. 마음속에 꼭꼭 숨겨둔 '사랑해', '고마워', '네가 참 좋아' 등의 사랑의 말을 친구 들에게 전달해보는 놀이이다.

⭐ 준비해주세요!

- 귓속말 카드(사랑해, 좋아해, 멋져, 넌 최고야, 아름다워, 킹왕짱), 동요

⭐ 놀이방법입니다!

- 교실 뒤쪽을 바라보고 모둠별로 한 줄로 앉는다.
- 첫줄에 앉은 유아는 정면을 바라보게 하고, 귓속말 카드를 보여준다.
- 귓속말 카드를 확인한 유아는 뒤로 돌아 다음 친구에게 귓속말을 전달한다.
- 전달받은 친구는 다음 친구에게 들을 내용대로 귓속말을 전달한다.
- 반복해서 전달한다.
- 마지막 친구는 정답을 큰 목소리로 외친다.

♥ 헬퍼나라쌤의 TIP

- 귓속말 카드는 연령에 따라 짧은 단어나 좀 더 긴 단어를 사용해 놀이할 수 있다.
- 배경음악을 틀어 귓속말에 좀 더 귀 기울이도록 할 수 있다.
- 다른 생활주제에도 놀이를 활용할 수 있다.
  - 봄꽃 이름 전달하기, 가을 과일 이름 전달하기 등

18 친구야 만나서 반가워

내용 관계 형성하기 연령 만 5세

친구에게 인사하며 내 소개를 한 후 이동에 필요한 다양한 조건을 이야기한다. 이 조건들에 따라 이동하는 놀이를 통해 친구와 같은 점, 다른 점을 알아보며 놀이에 참여할 수 있다.

★ 놀이방법입니다!

- 동그랗게 의자에 앉는다.

- 동그라미 가운데 술래가 선다.

- 술래는 1명의 친구에게 다가가 자신을 소개한다.
  - "안녕 내 이름은 ○○○야"

- 친구들은 술래에게 인사한다.
  - "만나서 반가워"

- 술래는 조건을 말하며 반가움을 표현한다.
  - "나도 반가워. 그중에서도 '치마 입은' 친구가 더 반가워"

    예) 안경 쓴 친구, 바지 입은 친구, 머리띠 한 친구, 머리 묶은 친구 등
  - "나도 반가워. 모든 친구들이 반가워" → 모두 자리 이동하기

- 조건에 해당하는 친구들은 자리에서 일어나 비어 있는 자리로 빠르게 이동한다.

- 자리에 앉지 못하면 술래가 되어 놀이를 이어간다.

- 친구와 같은 점과 다른 점에 대해 이야기를 나누며 마무리한다.

♥ 그래쌤의 TIP

- 너무 뛰어다니거나 친구와 부딪히지 않도록 미리 이야기한다.

- 조건에 해당하는 유아는 자기 자리에 앉아있을 수 없음을 이야기한다.

- 눈으로 확인할 수 있는 간단한 조건으로 제시할 수 있도록 미리 예시를 보여주고 연습을 해본다.

19 친구와 찰칵!

내용 관계 형성하기 연령 만 4, 5세

사진 틀 안에 친구들과 사진 속 주인공이 되어 포즈를 취하는 놀이이다. 머리를 묶은 친구, 파란색 옷을 입은 친구 등 나와 친구의 같은 점을 찾아보며 친구에 대해 알아가는 시간을 가진다.

★ 준비해주세요!

- 검정 절연테이프, 스티커, 사진기

★ 놀이방법입니다!

- 교실 벽면을 이용해 검정 절연테이프를 붙여 사진 틀을 마련해준다.
- 노래를 부르며 교실을 자유롭게 돌아다닌다.
- 교사의 신호에 따라 제시된 조건을 잘 듣고, 사진 틀에 모인다.
  - "남자 2명, 여자 2명 만나 사진 찍으세요."
  - "머리를 묶은 사람끼리 모이세요."
  - "빨간색 옷을 입은 친구끼리 사진 찍으세요."
- 사진 틀 안에서 친구들과 멋진 포즈를 취한다.
- 찍은 사진을 인쇄해서 멋진 포즈 콘테스트를 열 수 있다.

♥ 헬퍼나라쌤의 TIP

- 유아의 수를 고려하여 사진틀의 수를 조절한다.
- 멋진 포즈 콘테스트를 열 때는 유아 개인별로 스티커를 나눠주어 가장 마음에 드는 사진에 투표할 수 있도록 한다.
- 교사는 다양한 조건을 제시하여 유아들이 많은 친구들과 같은 점과 다른 점을 찾으며 사진 찍을 기회를 제공해준다.

20 여우야 기분이 어떠니

내용 관계 형성하기 연령 만 3, 4, 5세

'여우야 여우야 뭐하니' 전통놀이를 변형한 감정놀이이다. 여우의 기분이 좋으면 서로 안아주고, 싫으면 여우 술래로부터 도망을 치는 재미있는 바깥 놀이이다.

★ 준비해주세요!

- 여우 동물 머리띠

★ 놀이방법입니다!

- 여우가 될 친구를 정한다.
- 여우를 중심으로 친구들이 노래를 부른다.
    - 여우야 마음이 어떠니?(여우야 여우야 뭐하니 음으로)
- 여우가 "좋~다"라고 대답하면 2명씩 짝을 지어 안아준다.
- 여우가 "싫~다"라고 답하면 도망친다.
- 여우에게 잡힌 사람 또는 짝을 찾지 못한 친구가 술래가 되어 다시 놀이를 한다.

♥ 그래쌤의 TIP

- 여우 외에도 다른 동물로 대체하여 진행할 수도 있다.
- 모든 유아가 동물 머리띠를 쓸 수 있다면, 술래가 된 유아의 동물이름으로 바꾸어 게임을 진행할 수 있다.
- 놀이가 익숙해지면 '좋다', '싫다' 외에도 '슬프다', '무섭다', '화난다', '기쁘다' 등 다양한 감정 표현을 할 수도 있다.
- 참고: 3세 나와 가족 P.84 – 여우야 마음이 어떠니?

21 구리구리 어떤 손가락

내용 관계 형성하기 연령 만 3, 4세

'아침바람 찬바람에' 놀이의 마지막 부분을 활용한 놀이이다. '구리구리구리'를 외치며 가위바위보를 한 후 손가락을 이용해 친구의 목 뒤쪽을 눌러 누른 손가락이 어떤 손가락인지 맞추는 놀이이다.

★ 놀이방법입니다!

- 짝꿍이 마주보고 앉는다.

- 가위바위보로 순서를 정한다.

  – 구리구리구리구리 가위, 바위, 보

- 가위바위보에서 진 유아는 고개를 숙인다.

- 이긴 유아는 손가락 중 1개를 이용해 진 유아의 목 뒷부분을 살짝 누른다.

- 진 유아는 친구가 어떤 손가락으로 눌렀는지 알아맞힌다.

- 알아맞히면 역할을 바꿔서 놀이한다.

♥ 헬퍼나라쌤의 TIP

- 쉬는 시간이나 짬 시간에 할 수 있는 놀이입니다.

- 친구의 목을 너무 세게 눌러 친분을 상하게 하거나 아프게 하지 않도록 한다.

22 멋진 우리 반 만들기

내용 관계 형성하기 연령 만 5세

좋아하는 친구에게 털실을 전달하며 이야기를 이어가는 놀이이다. 털실을 받은 유
아는 친구에게 하고 싶은 말이나 선생님에게 하고 싶은 이야기를 한 후 다른 친구에게
털실을 전달하며 놀이를 이어간다.

- 털실

★ 놀이방법입니다!

- 반 전체가 동그랗게 모여 앉는다.
- 털실을 가진 교사가 먼저 시작한다.
    - "선생님은 우리 반 친구들이 서로 싸우지 않고, 사랑하는 멋진 반이 됐으면 좋 겠어요. 정나라, 정유진…(유아 이름 모두 불러주기) 선생님과 일 년 동안 즐겁게 지 내보아요."
- 교사는 한 손으로 털실의 시작점을 잡고, 다른 손으로는 털실 뭉치를 잡아 학급 유아 중 1명에게 털실을 전달한다.
- 털실을 받은 유아는 자신의 생각을 말하고, 다른 친구에게 털실을 전달한다.
- 모든 유아의 이야기가 끝나면 털실의 모양을 보고 교사가 이야기하며 마무리한다.
    - "털실을 보니 어떤 모양인 것 같나요?" (멋져요, 예뻐요, 별 같아요 등)
    - "사랑반은 올해 이 털실처럼 멋진 반(별처럼 반짝이는 반)이 되어 줄 수 있겠니?"

♥ 헬퍼나라쌤의 TIP

- 처음 시작과 마무리는 교사가 하도록 한다.
- 모든 유아에게 털실이 갈 수 있도록 한다.
- 털실을 손에서 놓지 않도록 한다.
- 털실 대신 공을 사용할 수도 있다.
- 학기나 일 년을 마무리하는 활동으로도 진행할 수 있다.

23 유치원 선생님 찾기

내용 관계 형성하기 **연령** 만 3, 4, 5세

모두 함께 참여할 수 있는 수수께끼이다. 교실 바닥에 우리 유치원에서 함께 일하시는 선생님의 사진을 놓아두고, 친구가 설명한 선생님이 누구인지 알아 맞춰보는 놀이이다. 놀이에 사용한 사진을 이용해 유아들에게 예쁘게 꾸며보는 기회를 주면 새로운 놀이가 된다.

★ 준비해주세요!

- 유치원에서 일하시는 분들 사진 5~10장씩(유아의 수에 따라 조절)

★ 놀이방법입니다!

- 유치원에서 일하시는 선생님들의 사진을 바닥에 펼쳐 둔다.
- 교사는 유아들에게 수수께끼를 낸다.
  - "유치원에서 맛있는 간식을 해주는 선생님은 누구일까요?"
  - "행복반에서 동생들과 함께 공부하는 선생님은 누구일까요?"
- 유아들은 교사가 설명한 선생님의 사진을 찾아온다.
- 함께 선생님의 이름을 알아본다.
- 찾은 사진으로 우리유치원 선생님 책 만들기를 한다.

♥ 헬퍼나라쌤의 TIP

- 어린 연령의 유아의 경우 유치원에서 일하시는 모든 선생님을 알려주려고 하기 보다는 유아들에게 가장 가까이 계시는 선생님부터 알려주도록 한다.
- 수수께끼에 익숙해지면 유아가 직접 문제를 내고 맞출 수 있도록 한다.
- 바닥에 놓인 사진의 개수는 유아 수에 따라 적절하게 조절한다.
- 같은 사진끼리 분류해서 놓아보는 놀이도 함께할 수 있다.